职业教育·城市轨道交通类专业教材

城市轨道交通车站低压配电与照明系统

主　编　么艳香
副主编　史玉红　常秀娟
主　审　解秀勋

人民交通出版社

北京

内 容 提 要

本教材为职业教育城市轨道交通类专业教材。全书共4个模块，包括18个知识单元和12个技能单元，主要介绍了城市轨道交通车站低压配电与照明系统基础知识、车站低压配电与照明系统常用低压电器与设备、车站低压配电系统、车站照明系统。

本教材根据专业培养目标融入城市轨道交通车站低压设备检修工、低压配电检修工、低压电工技能等级证书考核和城市轨道交通类职业技能竞赛相关内容，并对接城市轨道交通车站低压设备检修员、维护员、施工工艺员等岗位应知应会内容。

本教材可作为职业院校城市轨道交通专业教学用书，也可供相关企业人员培训使用。

本教材配教学课件，任课教师可加入"职教轨道教学研讨群"获取（教师专用QQ群号:129327355）。

图书在版编目(CIP)数据

城市轨道交通车站低压配电与照明系统/么艳香主编.—北京：人民交通出版社股份有限公司,2024.9.
ISBN 978-7-114-19568-6
Ⅰ.U239.5
中国国家版本馆CIP数据核字第2024ET6776号

职业教育·城市轨道交通类专业教材
Chengshi Guidao Jiaotong Chezhan Diya Peidian yu Zhaoming Xitong

书　名：	城市轨道交通车站低压配电与照明系统
著 作 者：	么艳香
责任编辑：	司昌静
责任校对：	赵媛媛
责任印制：	刘高彤
出版发行：	人民交通出版社
地　　址：	(100011)北京市朝阳区安定门外外馆斜街3号
网　　址：	http://www.ccpcl.com.cn
销售电话：	(010)59757973
总 经 销：	人民交通出版社发行部
经　　销：	各地新华书店
印　　刷：	北京印匠彩色印刷有限公司
开　　本：	787×1092　1/16
印　　张：	13.25
字　　数：	300千
版　　次：	2024年9月　第1版
印　　次：	2024年9月　第1次印刷
书　　号：	ISBN 978-7-114-19568-6
定　　价：	42.00元

(有印刷、装订质量问题的图书，由本社负责调换)

前　言

课程定位

城市轨道交通车站低压配电与照明系统是城市轨道交通机电技术专业的核心课程，也是城市轨道交通供配电技术专业的选修专业课。本课程与先修课程电工电子技术基础、城市轨道交通概论、电机与拖动和后续课程城市轨道交通站台门系统运行与维护、城市轨道交通车站通风与空调系统、城市轨道交通车站消防与给排水系统等紧密衔接。本课程全面介绍城市轨道交通车站低压配电与照明系统基础知识、车站低压配电与照明系统常用低压电器与设备、车站低压配电系统、城市轨道交通车站照明系统。培养学生具备城市轨道交通车站低压设备施工、运行、检修、维护及故障处理的专业能力和注重安全、认真负责、团结协作、热爱祖国等综合素质，为学生毕业后能够从事相关工作提供帮助。

教材特点

本教材参考了行业标准、公司内部培训资料、地铁公司车站低压设备检修工作流程等内容。本教材具有如下特点：

(1) **校企双元**。本教材编写团队与石家庄市轨道交通有限责任公司、成都轨道交通集团有限公司、青岛地铁集团有限公司等开展校企合作交流，对城市轨道交通车站低压配电与照明系统知识进行了深入调研。

(2) **理实一体**。本教材在内容上注重理论与实际操作相结合，采用了"知识单元＋技能单元＋知识拓展"的模式；本教材强调以学生为中心，理实一体化教学，突出职业教育的特点。

(3) **课、赛、证融通**。本教材融入城市轨道交通车站低压设备检修工、低压配电检修工、低压电工技能等级证书考核和城市轨道交通类职业技能竞赛相关内容，并对接城市轨道交通车站低压设备检修员、维护员、施工工艺员等岗位应知应会内容。

(4) **融入课程思政元素**。本教材的思政主线为珍爱生命、安全生产、爱岗敬业、团结协作、节能环保。将思政元素以案例引入、课外阅读等方式逐渐渗透到各部分内容中,培养学生安全意识、责任意识、团队协作意识和爱国情操。

主要内容及编写分工

本教材共4个模块,包括18个知识单元、12个技能单元和4个知识拓展内容,主要介绍了以下6个方面的内容:

(1)城市轨道交通车站低压配电与照明系统基础知识,包括电气安全知识、常用电工工具和仪表的使用、电气工程图和低压配电系统接地。

(2)低压配电电器、低压控制电器、变压器和电动机等城市轨道交通车站低压配电与照明系统常用低压电器与设备的应用与检修。

(3)城市轨道交通车站低压配电系统的配电及控制方案。

(4)城市轨道交通车站低压配电装置的组成与维护。

(5)城市轨道交通车站应急照明装置常见故障处理与运行维护。

(6)城市轨道交通车站照明系统基础及照明设备常见故障处理和运行维护。

参加本教材编写工作的人员有:河北轨道运输职业技术学院的么艳香、史玉红、常秀娟、杨静伟、国冬梅和河北交通职业技术学院的安飞。么艳香担任本教材主编,负责对本教材编写思路与大纲的总体策划,并负责统稿、校对,史玉红、常秀娟担任副主编。本教材由盾石磁能科技有限责任公司高级工程师解秀勋担任主审。具体编写分工如下:杨静伟负责编写模块1,国冬梅、么艳香参与编写模块1;史玉红负责编写模块2,么艳香、杨静伟参与编写模块2;么艳香负责编写模块3,常秀娟、安飞参与编写模块3;常秀娟负责编写模块4,史玉红、安飞参与编写模块4。

致谢

在本教材编写过程中,广大教师与行业专家提出了宝贵的意见和建议,在此谨向他们表示感谢。同时,向为教材出版和配套工作所付出努力的所有同仁表示感谢。

由于编者水平有限,书中难免有错误和不妥之处,希望有关院校师生及读者多提宝贵意见,共同交流,以便及时修订完善。

作 者
2024年5月

数字资源

序号	资源名称	资源类型	所在页码
1	摇表的使用	视频	15
2	数字式万用表的使用	视频	16
3	绝缘层剥削	视频	35
4	单股铜芯导线直接连接	视频	36
5	单股铜芯导线T形连接	视频	36
6	多股铜芯导线直接连接	视频	36
7	绝缘层恢复	视频	37
8	低压断路器的检测	视频	55
9	行程开关检测	视频	80

目 录

模块 1　车站低压配电与照明系统基础知识 ………… 1

　　知识单元 1-1　电气安全知识 ………… 3
　　知识单元 1-2　常用电工工具和仪表 ………… 12
　　知识单元 1-3　电气工程图 ………… 18
　　知识单元 1-4　低压配电系统接地 ………… 26
　　技能单元 1-1　导线剥削、连接及绝缘恢复 ………… 35
　　技能单元 1-2　摇表的使用 ………… 39
　　知识拓展　城市轨道交通电磁兼容与屏蔽技术 ………… 42
　　　❖职业准备 ………… 45
　　　❖课后巩固 ………… 45

模块 2　车站低压配电与照明系统常用低压电器与设备 ………… 47

　　知识单元 2-1　低压配电电器 ………… 49
　　知识单元 2-2　低压控制电器 ………… 60
　　知识单元 2-3　变压器 ………… 84
　　知识单元 2-4　电动机 ………… 95
　　技能单元 2-1　低压断路器的检修与维护 ………… 108
　　技能单元 2-2　接触器的检修与维护 ………… 111
　　技能单元 2-3　变压器的检修与维护 ………… 114
　　技能单元 2-4　三相异步电动机电气控制线路连接与调试 ………… 118
　　技能单元 2-5　交流电动机检修与维护 ………… 121
　　知识拓展　PLC 在城市轨道交通车站中的应用 ………… 124
　　　❖职业准备 ………… 126
　　　❖课后巩固 ………… 126

模块 3　车站低压配电系统 ····· 129

　　知识单元 3-1　城市轨道交通供电系统 ····· 131
　　知识单元 3-2　城市轨道交通低压配电系统 ····· 135
　　知识单元 3-3　车站应急照明装置 ····· 139
　　知识单元 3-4　车站低压配电装置 ····· 144
　　技能单元 3-1　EPS 蓄电池的检测及维护 ····· 155
　　技能单元 3-2　车站应急照明装置的检修与维护 ····· 160
　　技能单元 3-3　车站低压配电装置的检修与维护 ····· 163
　　知识拓展　城市轨道交通电力监控系统 ····· 166
　　　　◆ 职业准备 ····· 169
　　　　◆ 课后巩固 ····· 169

模块 4　车站照明系统　171

　　知识单元 4-1　车站照明基础知识 ····· 173
　　知识单元 4-2　车站照明电光源及灯具的选择 ····· 174
　　知识单元 4-3　车站照明系统配电及控制方式 ····· 178
　　知识单元 4-4　车站照明系统设计 ····· 180
　　知识单元 4-5　车站照明系统节能 ····· 184
　　知识单元 4-6　车站照明系统常见故障及处理方法 ····· 189
　　技能单元 4-1　荧光灯照明电路连接 ····· 193
　　技能单元 4-2　车站照明系统检修与维护 ····· 196
　　知识拓展　城市轨道交通电气火灾监控系统 ····· 199
　　　　◆ 职业准备 ····· 201
　　　　◆ 课后巩固 ····· 201

参考文献 ····· 202

模块1

车站低压配电与照明系统基础知识

学习引导

城市轨道交通车站低压配电与照明系统是城市轨道交通供电网络中一个重要的系统，用于保障车站所有动力照明设备配电的安全、可靠、有效、经济运行。城市轨道交通车站低压配电与照明系统的设计、运行与维护应以电气安全知识、电气工程图、低压配电与照明系统接地等知识为基础。

学习导航

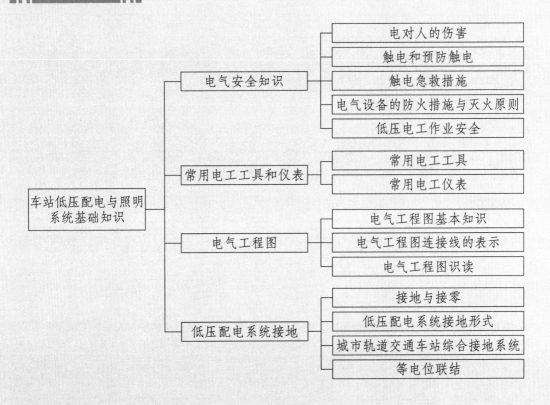

学习目标

知识目标

1. 了解电气安全基本知识。
2. 掌握预防触电和触电急救措施。
3. 熟悉常用电工工具和仪表。
4. 了解电气工程图基本知识。
5. 掌握低压配电与照明系统的接地方式。

能力目标

1. 能够进行触电急救。
2. 能够正确使用电工工具和仪表。
3. 能够识别电气工程图并分析其功能。

素质目标

1. 注重培养自主学习能力、观察能力、团队合作能力以及解决实际问题的工作能力。
2. 树立积极、健康、正确的生命观。

知识单元1-1　电气安全知识

电作为一种能源，与人们的生产生活紧密相关。但是，由于用电安全知识普及不够，在生活或工作中，如果用电不当，会发生触电、电击、烧伤、火灾，造成人员伤亡、设备损坏等不可估量的损失。因此，我们只有掌握安全用电的知识与技能，才能在工作、生活中安全正确地使用电能，让电能为人类更好地服务。

一、电对人的伤害

随着社会的发展，电在人们的日常工作与生活中应用极其广泛，但如果使用不当，小则损坏机器设备，大则危及人身安全。当人体不小心接触到带电体，电流能立即通过人体，给人体造成不同程度的伤害。

电对人体的伤害分为电击和电伤两种。

(一) 电击

所谓电击，是指电流通过人体内部器官，使其受到伤害。例如，电流作用于人体中枢神经，使心、脑和呼吸机能的正常工作受到破坏，人体发生抽搐和痉挛，甚至失去知觉。电流也可使人体呼吸功能紊乱，血液循环系统活动大大减弱，造成假死，如救护不及时，则会造成死亡。电击是人体触电较危险的情况。

(二) 电伤

所谓电伤，是指人体外部器官受到电流的伤害，如电弧造成的灼伤、电的烙印、电流的化学效应造成的皮肤金属化、电磁场产生辐射等。电伤是人体触电事故中较为轻微的一种情况。

触电后人的伤害程度与通过人体电流的大小有直接的关系，通过人体电流的大小对触电者的伤害程度起决定性作用。电流对人体的影响见表1-1。

电流对人体的影响　　　　　表1-1

电流 (mA)	交流电(50Hz)		直流电
	通电时间	人体反应	人体反应
0~0.5	连续	无感觉	无感觉
0.5~5	连续	有麻刺、疼痛感，无痉挛	无感觉
5~10	数分钟内	痉挛、剧痛，但可摆脱电源	有针刺、压迫、灼热感
10~30	数分钟内	迅速麻痹，呼吸困难，不能自由活动	压痛、刺痛、灼热感强烈，有抽搐
30~50	数秒至数分钟	心跳不规则，昏迷，强烈痉挛	感觉强烈，有剧痛、痉挛
50~100	超过3s	心室颤动，呼吸麻痹，心脏麻痹而停跳	剧痛，强烈痉挛，呼吸困难或麻痹

(三)安全电压

触电对人体的危害极大,为了保障人的生命安全,使触电者能够自行脱离电源,各国都规定了安全电压。安全电压是为了防止触电事故而采用的由特定电源供电的电压系列。我国规定的安全电压有42V、36V、24V、12V和6V。

(1)42V(空载上限小于等于50V)可供有触电危险的场所使用的手持式电动工具等场合下使用。

(2)36V(空载上限小于等于43V)可在矿井、多导电粉尘等场所使用的行灯等场合下使用。

(3)24V、12V、6V(空载上限分别小于等于29V、15V、8V)三挡可供某些人体可能偶然触及的带电体的设备选用。在大型锅炉内、金属容器内和潮湿环境工作,为了确保人身安全一定要使用12V或6V低压行灯。当电气设备采用24V以上安全电压时,必须采取防止直接接触带电体的措施,其电路必须与大地绝缘。

二、触电和预防触电

当人体触及带电体承受过高的电压而导致死亡或局部受伤的现象称为触电。触电对人体产生伤害以及伤害的程度取决于人体电阻的大小、施加于人体电压的高低、电流通过人体的时间和路径等。

(一)触电的原因

不同的场合,引起触电的原因也不一样。根据日常用电的情况,可将触电原因归纳为以下几类。

1. 线路架设不合规格

采用一线一地制违章架设线路,当接地零线被拔出、线路发生短路或接地桩接地不良时,均会引起触电;室内导线破旧、绝缘损坏或敷设不合规格,容易造成触电或碰线短路引起火灾;无线电设备的天线、广播线、通信线与电力线距离过近或同杆架设,如遇断线或碰线时电力线电压传到无线电设备上引起触电;电气修理工作台布线不合理,绝缘线绝缘层破坏引起触电等。

2. 用电设备不合要求

用电设备绝缘损坏、漏电,其外壳无保护接地线或保护接地线接触不良;开关、插座的外壳破损或相线绝缘老化,失去保护作用;照明电路或用电设备由于接线错误致使灯具或机壳带电引起触电等。

3. 电工操作规程不严谨、管理制度不健全

带电操作、冒险修理或盲目修理,且未采取切实的安全措施,可能引起触电;停电检修电路时,开关上未挂警告牌,其他人员误合开关造成触电;使用不合格的安全工具进行操作,如用竹竿代替高压绝缘棒、用普通胶鞋代替绝缘靴等,也容易造成触电。

4. 用电不谨慎

违反布线规程,在室内乱拉电线,用电不慎造成触电;更换熔断丝时,随意加大规格或任意用铜丝代替熔断丝,失去保险作用,引起触电;移动用电设备时未切断电源;用水冲刷或用湿布擦拭电线和电器,引起绝缘性能降低而漏电造成触电。

(二) 触电的类型

常见的人体触电类型有单相触电、两相触电、跨步电压触电和接触电压触电四种。

1. 单相触电

单相触电是指人站在地面或接地体上,人体触及供电系统中的一相带电体,如图 1-1 所示。对于 380/220V 系统,如果其中性点接地,则加于人体的电压约为 220V。如果中性点不接地,相线和大地之间依然存在电压,如果人体碰到相线也会触电。

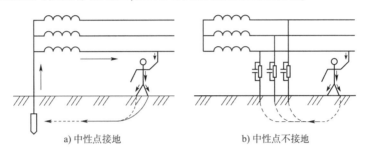

图 1-1 单相触电

2. 两相触电

两相触电是指人体的不同部位同时接触供电系统两相导线或带电体,电流由一相通过人体流入另一相导体构成回路而造成的触电,如图 1-2 所示。对于 380/220V 系统,两相触电时加于人体的电压为 380V。

3. 跨步电压触电

跨步电压触电是指在雷电流入地面或载流电力线(特别是高压线)断落到地面时,会在导线接地点及周围产生强电场,其电位分布以接地点为圆心向周围扩散并逐步降低,在不同位置形成电位差,当人或畜跨进这个区域,两脚跨步间承受电压下的触电,如图 1-3 所示。

图 1-2 两相触电　　　图 1-3 跨步电压触电

形成跨步电压时,电流从一只脚经腿、胯部又到另一只脚与大地形成通路,人受到较高的跨步电压作用时,两脚会抽筋,使身体倒在地上。这不仅使作用于身体上的电流增加,而且电流经过人体的路径改变,甚至可能流经人体重要器官,如从头到手或从头到脚。经验证明,倒地后电流在体内持续作用 2s 就会致命。当发觉跨步电压威胁时,应尽快把双脚并在一起,或用脚跳离危险区。

4. 接触电压触电

接触电压触电是指由于电气设备绝缘损坏造成接地故障,人体的两个部分(如手和脚)分别同时接触设备外壳和地面,造成人体两部分形成电位差而触电。

(三)预防触电措施

(1)严格遵守电气作业安全的有关规章制度,提高作业人员的操作水平。

(2)不得带电检修和搬迁电气设备、电缆和电线。

(3)使人体不能触及或接近带电体。将人体可能触及的电气设备的带电部分全部封闭在外壳内,并设置闭锁机构,只有停电后才能打开外壳,关闭外壳后才能上电。对于无法用外壳封闭的电气设备的带电部分,采用栅栏门隔离,并设置闭锁机构。将无法隔离的裸露带电导体安装在一定高度,防止人意外触及。

(4)设置保护接地。当设备的绝缘损坏,金属外壳带电时,把外壳上的电压限制在安全范围内,防止人身触及带电设备外壳而造成触电事故。

(5)在供电系统中,装设漏电保护装置,防止供电系统漏电造成人身触电或引起瓦斯及煤尘爆炸事故。

(6)采用较低的电压等级。对于人体经常触及的电气设备(如照明、信号、监控、通信和手持式电气设备),除加强手柄的绝缘外,还必须采用较低的电压等级。

(7)进入现场维修电气装置时要使用绝缘工具,如绝缘夹钳、绝缘手套等。

(8)电气工作人员应每天进行巡视检查,发现问题应及时整改,并做好各项记录,妥善保管。

三、触电急救措施

(一)现场抢救触电者的原则

现场抢救触电者的原则是八字方针——迅速、就地、准确、坚持。

(1)迅速:争分夺秒使触电者脱离电源。

(2)就地:必须在现场附近就地抢救,不可长途送往别处抢救,以免错过最佳抢救时间。

(3)准确:心肺复苏法的动作必须准确。

(4)坚持:只要有百分之一的希望就要尽百分之百的努力去抢救。同时,及早与医疗部门联系,争取医务人员接替救治。在医务人员未接替救治前,不应放弃现场抢救,更不能只根据没有呼吸或脉搏擅自判定触电者死亡,放弃抢救。

(二)现场抢救触电者措施

1. 脱离电源

触电急救,首先要使触电者迅速脱离电源,越快越好。因为电流作用的时间越长,对人体的伤害越大。脱离电源就是把触电者接触的那一部分带电设备的开关、刀闸或其他断路设备断开,或设法将触电者与带电设备脱离。在脱离电源时,救护人员既要救人,也要注意保护自己。触电者未脱离电源前,救护人员不能直接用手接触触电者,因为有触电的危险;如果触电者处于高处,解脱电源后会自高处坠落,因此,要采取预防措施。对不同的触电场合,脱离电源应采取不同的措施。

(1)脱离低压电源的方法

①如果触电地点附近有电源开关或电源插销,可立即关闭电源开关或拔出电源插销,断开电源。

②如果触电地点附近没有开关,可用有绝缘柄的电工钳或有干燥木把的斧头切断电线,或用干燥木板等绝缘物插入触电者身下,以隔断电流。

③当电源线搭落在触电者身上或被压在身下时,可用干燥的衣服、手套、绳索、木板、木棒等绝缘物作为工具,拉开触电者或挑离电源线,使触电者脱离电源。

④如果触电者的衣服是干燥的,又没有紧缠在身上,可以用一只手拉住触电者的衣服,将其拉离电源。因触电者身体是带电的,救护人员不得接触触电者的皮肤,可站在绝缘垫或干燥木板上进行救护。

(2)脱离高压电源的方法

①立即电话通知有关供电部门拉闸停电。

②如果电源开关离触电现场不远,可戴上绝缘手套,穿上绝缘靴,用相应电压等级的绝缘工具按顺序拉开开关。

③抛掷裸金属线使线路短路接地,迫使线路过电流保护装置动作,断开电源。注意:在抛掷金属线之前,先将其一端可靠接地,然后再抛掷另一端,并应注意抛掷的一端不可触及触电者和其他人员。

(3)脱离架空线路上触电的方法

①如果是低压带电线路,能立即切断线路电源的,应迅速切断电源,或者由救护人员迅速登杆。救护人员应束好安全皮带,用带绝缘胶柄的钢丝钳、干燥的不导电物体或绝缘物体将触电者拉离电源。

②如果是高压带电线路,又不可能迅速切断开关的,可采用抛挂足够大小和适当长度的金属短路线方法,使电源开关跳闸。抛挂前,将短路线一端固定在铁塔或接地引下线上,另一端系重物。抛挂时,应注意防止电弧伤人或断线危及人身安全。另外,救护人员在使触电者脱离电源时要注意防止发生高处坠落和再次触及其他有电线路。

(4)脱离断落在地的高压导线触电的方法

①触电者触及断落在地上的带电高压导线时,如尚未确认线路是否有电,救护人员在未做好安全措施(如穿绝缘靴或临时双脚并紧跳跃地接近触电者)前,不能接近断线点,以防止跨步电压触电。

②在触电者脱离带电导线后,应迅速将其带至安全地带,并根据触电者的实际情况判断是否采取心肺复苏法进行救治。

③认真观察触电者全身情况,防止伤情恶化。如发现触电者呼吸、心跳停止时,应立即就地抢救,快速、正确地使用心肺复苏法维持触电者的呼吸和血液循环,促进对脑、心等重要脏器供氧。

安全须知

（1）救护人员不可直接用手、其他金属或潮湿的物体作为救护工具，必须选择适当的绝缘工具。救护人员最好用一只手操作，以防自身触电。

（2）防止触电者脱离电源后可能摔伤或碰伤，特别是当触电者在高处的情况下，应考虑防绊措施，即使触电者在平地，也应该注意触电者倒下的方向，防止锐器碰伤。

（3）如果事故发生在夜间，应迅速解决临时照明问题，以便抢救，并避免扩大事故。

（4）触电者只要没有致命创伤，必须立即就地急救，在医护救援人员到来之前或在送往医院途中，救护不能中断。在救护过程中不准给触电者打强心针。

2. 脱离电源后的处理

（1）简单诊断

①如果触电者意识清醒，应使其就地平躺，严密观察，暂时不要站立或走动。

②如果触电者意识不清，应使其就地仰面平躺，确保气道通畅，并呼叫触电者或轻拍其肩部，以快速判定触电者是否意识丧失。

③禁止摇动触电者头部，应在10s内用看、听、试的方法，判断其呼吸、心跳情况。

（2）急救措施

①对需要抢救的触电者，应立即就地坚持正确抢救，并设法联系医疗部门接替救治。

②对有心跳而呼吸停止的触电者，应采用口对口人工呼吸法进行抢救。

③对有呼吸而心脏停搏的触电者，应采用胸外心脏按压法进行抢救。

④对既无呼吸也无心跳的触电者，应采用口对口人工呼吸法与胸外心脏按压法相结合即心肺复苏法进行抢救。

必备技能

心肺复苏

心肺复苏简称CPR，是指通过胸外按压和人工呼吸来维持心血管系统的功能，供应氧气到被救者的心脏和大脑。CPR是一种简单而有效的急救技术，可在心脏骤停或呼吸停止的紧急情况下使用，目的是恢复被救者自主呼吸和自主循环。

在日常生活中，如果遇到触电者需要救治，首先要注意以下几点：

（1）确认环境安全，做好自我防护。施救者要快速观察周围环境，判断是否存在潜在危险，并采取相应的自身和被救者安全保护与防护措施。

（2）评估呼吸或脉搏。检查呼吸时，被救者如果为俯卧位，应先将其身体及头部同轴侧转为仰卧位。采用"听、看、感觉"等方法检查被救者呼吸，判断时间约10s。如果被救者无呼吸或叹息样呼吸，提示发生了心搏骤停。

（3）呼救、取得AED（自动体外除颤器）。立即向周围人求助，拨打急救电话，在条件允许的情况下，取来附近的AED。

心肺复苏法具体实施方法如下。

1. 胸外心脏按压

胸外心脏按压的具体部位在胸骨中下 1/3 处两乳头连线中点的位置，施救者应左手掌跟紧贴于胸部按压的位置，两手重叠，左手五指翘起，如图 1-4 所示。

施救者采用跪姿，双臂伸直，以髋关节为支点，用上身力量垂直按压，如图 1-5 所示。按压频率为 100～120 次/分，按压深度为胸骨下陷 5～6cm，确保每次胸外按压后，胸廓充分回弹。

图 1-4　胸外心脏按压手势　　　　图 1-5　胸外心脏按压姿势

2. 通畅气道

若被救者出现呼吸停搏，此时最重要的是始终确保气道通畅。如果发现被救者口内有异物，应先取出异物。取出异物后采用仰额抬颏法，施救者可用一只手放在被救者前额，另一只手的手指将被救者的下颌向上抬起，两手协同头部推向后仰，舌根随之抬起，气道即可通畅，如图 1-6 所示。

3. 人工呼吸

如图 1-7 所示，采用仰额抬颏法使被救者保持气道通畅，一手捏紧其鼻孔，另一手拖住下颌、使被救者的嘴巴张开，嘴上可盖一块洁净纱布或薄手帕。施救者做深吸气后，紧贴被救者的嘴吹气，吹气时观察被救者的胸部扩展情况以掌握吹气量，以胸部略有起伏为宜。胸部无起伏，表明吹气用力过小；胸部起伏过大，表明吹气太多，易造成肺气泡破裂。

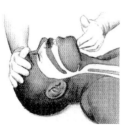  

图 1-6　畅通气道图　　　a) 口对口吹气　　b) 口对鼻吹气

图 1-7　人工呼吸

> 当被救者嘴巴不能张开或有外伤时,采用口对鼻吹气施救者。用一只手封住被救者口部以免漏气,然后进行口对鼻吹气,方法同上。
>
> 4. 尽早使用 AED
>
> 实施心肺复苏时,单纯地按压并不能终止室颤,在条件允许的情况下应就近取来AED。尽快配合使用 AED 进行电击除颤能使心脏恢复正常节律,大大提高救治成功率。

四、电气设备的防火措施与灭火原则

电气设备故障是诱发电气火灾的主要原因。一旦发生电气火灾,其危害非常大。因此,预防电气火灾尤为重要。

(一) 电气设备的防火措施

电气火灾通常由电气设备绝缘老化、接头松动、过载或短路等引起的,尤其是在易燃易爆危险场所,电气火灾隐患更大。为防止电气火灾事故的发生,必须采取防火措施。

(1)经常检查电气设备的运行情况。检查内容包括:接头是否松动,是否产生电火花;电气设备的过载、短路保护装置性能是否可靠;设备绝缘是否良好。

(2)合理选用电气设备。有易燃易爆物品的场所,安装、使用电气设备时,应选用防爆电器,绝缘导线必须密封敷设于钢管内。应按爆炸危险场所等级选用、安装电气设备。

(3)保持安全的安装位置。保持必要的安全间距是电气设备防火的重要措施之一。为防止电气火花和危险高温引起火灾,凡能产生火花和危险高温的电气设备周围不应堆放易燃易爆物品。

(4)保持电气设备正常运行。电气设备运行中产生的火花和危险高温是引起电气火灾的重要原因。为控制过大的工作火花和危险高温,保证电气设备正常运行,应由经培训考核合格的人员操作使用和维护保养。

(5)通风。在易燃易爆危险场所有运行的电气设备时,应有良好的通风条件,以降低爆炸性混合物的浓度,其通风系统应符合有关要求。

(6)接地。易燃易爆危险场所的接地要求比一般场所高。无论电压高低,正常情况下不带电装置均应按有关规定可靠接地。

(二) 电气设备的灭火原则

(1)电气设备发生火灾时,着火的电器、线路可能带电,为防止火情蔓延和灭火时发生触电事故,应立即切断电源。

(2)因生产不能停顿,或因其他需要不允许断电,必须带电灭火时,必须选择不导电的灭火剂(灭火设备)进行灭火,如干粉灭火器、二氧化碳灭火器、二氟氯溴灭火器、二氟二溴甲烷灭火器等。灭火时,救火人员必须穿绝缘鞋、戴绝缘手套进行防护。

(3)当装有油开关的变压器着火后,有喷油和爆炸的可能,应先切断电源再灭火。

五、低压电工作业安全

(一)电工安全操作知识

(1)电工必须接受安全教育,在掌握电工安全知识后,方可参加电工操作。

(2)在安装、维修电气设备和线路时,必须严格遵守安全操作规程和相关规定。

(3)在检修电路时,电工应严格遵守停电操作规定,必须先拉下总开关,并拔下熔断器的插盖,以切断电源,才能操作。

(4)所有绝缘器具、检验工具应妥善保管,严禁挪作他用,并应定期检查、校验,线路上禁止带负荷接电或断电,并禁止带电操作。

(5)操作前应穿好绝缘鞋。

(二)电工安全操作规程

(1)工作前必须检查工具、测量仪表和防护用具是否状态完好。

(2)任何电气设备内部未经验明无电时,一律视为有电,不准用手触及。

(3)不准拆卸、修理运转中的电气设备。必须在停车、切断电源、取下熔断器、挂上"禁止合闸,有人工作"的警示牌,并验明无电后,才可进行工作。

(4)在总配电盘及母线上工作时,验明无电后,应挂临时接地线。装拆接地线均须由值班电工进行。

(5)工作临时中断后或每班开始工作前,都必须重新检查电源是否已断开,并验明无电。

(6)每次维修结束后,必须清点工具、零件等,以防遗留在电气设备内造成事故。

(7)当有专门检修人员修理电气设备时,值班电工必须进行登记,完工后做好交代,在共同检查后,才可送电。

(8)必须在低压设备上带电工作时,要经过领导批准,并要有专人监护。工作时戴工作帽,穿长袖衣服,戴工作手套,使用绝缘工具,并站在绝缘物上进行操作,邻相带电部分和接地金属部分应用绝缘板隔开。

(9)严禁带负荷操作动力配电箱中的刀开关。

(10)带电装卸熔断器时,要戴防护眼镜和绝缘手套。必要时要站在绝缘垫上用绝缘夹钳操作。严禁使用锉刀、钢尺等进行工作。

(11)熔断器的容量要与设备和线路的安装容量相匹配。

(12)电气设备的金属外壳必须接地(接零),接地线必须符合标准,不准断开带电设备的外壳接地线。

(13)拆卸电气设备或线路后,对可能继续供电的线头要立即用绝缘布包好。

(14)安装灯头时,开关必须接在相线上,灯口螺纹必须接在零线上。

(15)对临时安装使用的电气设备,必须将金属外壳接地。严禁将电动工具的外壳接地线和工作零线拧在一起插入插座,必须使用两线带地或三线带地的插座,或者将外壳接地线单独接到接地干线上。用橡胶软电缆接可移动的电气设备时,专供保护接零的线芯中不允许有工作电流流过。

(16)动力配电盘、配电箱、开关、变压器等电气设备附近,不允许堆放易燃易爆、潮湿和影响操作的物品。

(17)使用梯子时,梯子与地面的角度以60°左右为宜。在水泥地面使用梯子时,要采取防滑措施。对没有搭钩的梯子,工作中要有人扶持。使用人字梯时,其拉绳必须牢固。

(18)使用喷灯时,油量不要超过容积的3/4,打气量要适当,不得使用漏油或漏气的喷灯。不准在易燃易爆物品附近点燃喷灯。

(19)使用Ⅰ类电动工具工作时,要戴绝缘手套,并站在绝缘垫上,最好加设漏电保护器或安全变压器。

(20)电气设备发生火灾时,要立即切断电源,并使用二氟氯溴灭火器或二氧化碳灭火器,严禁使用水或泡沫灭火器。

知识单元 1-2　常用电工工具和仪表

一、常用电工工具

(一) 低压验电器

低压验电器又称验电笔,是电工常用的辅助安全工具,用于检查低压500V以下的导体,或用于检测各种用电设备外壳是否带电。低压验电器分为钢笔式和螺丝刀式两种,钢笔式低压验电器由笔尖、电阻、氖管、弹簧和笔身组成,如图1-8所示。弹簧与后端外部的金属部分相接触,使用时手应触及后端金属部分,使电流由被测带电体经测电笔和人体与大地构成回路,只要被测电体与大地之间电压超过60V时,氖管就会发光。

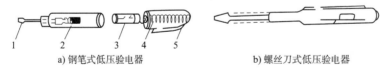

a) 钢笔式低压验电器　　　　b) 螺丝刀式低压验电器

图1-8　低压验电器
1-笔尖;2-电阻;3-氖管;4-弹簧;5-笔身

低压验电器的测量范围是60~500V,在使用时以手指触及笔尾的金属体,使氖管小窗朝向自己,便于观察,要防止笔尖金属体触及皮肤,以防触电。

(二) 螺丝刀

螺丝刀是一种螺钉旋具,用来紧固或拆卸各种螺钉,安装或拆卸元件。螺丝刀由刀柄和刀体组成,如图1-9所示。刀柄有木柄和有机玻璃柄两种。刀口形状分一字形和十字形两种,分别用来紧固或拆卸一字槽和十字槽的螺钉。

使用注意事项:

(1)螺丝刀使用时应按螺钉的规格选用适合的刀口,以小代大或以大代小均会损坏螺钉或电气元件。

（2）使用螺丝刀紧固或拆卸带电的螺钉时，手不得触及螺丝刀的金属杆或在金属杆上套上绝缘管，以免发生触电事故。

(三) 钢丝钳

钢丝钳是钳夹、剪切工具，由钳头和钳柄两部分组成，如图1-10所示。钳头包括钳口、齿口、刀口和铡口。钳口用来弯铰或钳夹导线线头，齿口用来旋紧或起松螺母，刀口用来剪切导线或剖切导线绝缘层，铡口用来铡切电线芯线和钢丝、铝丝等较硬的金属。电工用钢丝钳柄上套有耐压为500V以上的塑料绝缘套，使用前应检查绝缘套是否完好，绝缘套破损的钢丝钳不能使用于带电场所。在切断导线时，不得将相线和中性线或不同的相线同时在一个钳口处切断，以免发生短路。

(四) 尖嘴钳

尖嘴钳除头部形状与钢丝钳不完全相同外，其功能相同。尖嘴钳主要用于切断较小的导线、金属丝、夹持小螺钉、垫圈等，并可将导线端头弯曲成型。有绝缘柄的尖脚钳，工作电压为500V，如图1-11所示。

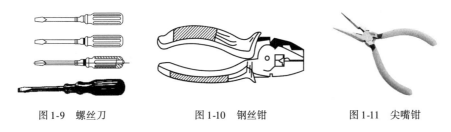

图1-9　螺丝刀　　　　图1-10　钢丝钳　　　　图1-11　尖嘴钳

(五) 剥线钳

剥线钳主要用于剥削直径在6mm²以下的塑料、橡皮电线线头的绝缘层，它主要由钳口和手柄组成，如图1-12所示。钳口部分由压线口和切口组成，有直径0.5~3mm的多个不同孔径的切口，以便剥削不同规格的线芯绝缘层。剥线时为了不损伤线芯，线头必须放在大于其线芯直径的切口上剥削。

(六) 斜口钳

斜口钳的头部偏斜，又叫偏嘴钳、断线钳。斜口钳专用于剪断较粗的电线和其他金属丝，其柄部有铁柄和绝缘管套，如图1-13所示。电工常用的是断线钳，其绝缘柄耐压在1000V以上。

(七) 电工刀

电工刀（图1-14）主要用于剥削和切割电线绝缘、绳索、木桩及软性金属。使用时刀口应向外，使用完毕后随时将刀身折进刀柄。电工刀的刀柄不是用绝缘材料制成，所以不能在带电导线或器材上剥削，以防触电。

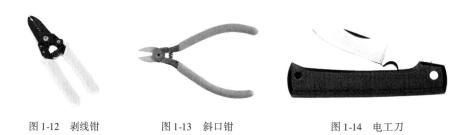

| 图 1-12 剥线钳 | 图 1-13 斜口钳 | 图 1-14 电工刀 |

二、常用电工仪表

(一) 兆欧表

兆欧表是一种测量高电阻的仪表。它主要用于测量电气设备或供电线路的绝缘电阻值。兆欧表主要有摇表和数字兆欧表两种。下面以摇表为例进行简单介绍。

1. 摇表的结构

摇表由发电机、永久磁铁、固定在同一转轴上的两个动圈、指针构成。摇表的外部有3个端钮,即线路(L)、地线(E)、屏蔽接线(G),如图1-15所示。

2. 摇表的工作原理

摇表的内部电路如图1-16所示。

当以 120r/min 速度均匀摇动手柄时,表内的直流发电机输出该表的额定电压,该电压加在电压线圈和电流线圈上;流经两线圈的电流与磁场作用产生相反的力矩,两力矩加在同一指针上;流经电压线圈的电流 I_2 使指针顺时针偏转,流经电流线圈的电流 I_1 使指针逆时针偏转;当被测电路为通路时,I_1 产生的力矩远大于 I_2 产生的力矩,指针指向刻度 0,则表示被测物绝缘已损坏;当被测电路开路时,I_1 产生的力矩为 0,I_2 产生的力矩使指针指向刻度 ∞,则表示被测物绝缘良好。

图 1-15 摇表

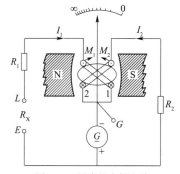

图 1-16 摇表的内部电路

M_1、M_2-电流活动线圈和电压活动线圈;R_1、R_2-限流电阻和限压电阻

3. 摇表的使用方法

(1) 摇表的选择

使用摇表时,应选择适当的额定电压和测量范围。摇表的额定电压要与被测设备的工

作电压相对应。当被测设备的额定电压在500V以下时,选用500V或1000V的摇表。当被测设备的额定电压在500V以上时,选用1000V或2500V的摇表。摇表的测量范围不应过多地超出被测绝缘电阻值,以免读数误差过大。

摇表的使用

(2)测量前摇表的检查

当摇表接线端开路时,摇动摇柄至额定转速(120r/min),指针应指在左侧"∞"位置。接线端短路时,缓慢摇动摇柄,指针应指在右侧"0"位置。

(3)被测设备的安全放电

被测设备必须与电源切断后才能进行测量,对具有大电容的设备,如输电线路、高压电容器等,需进行放电。用兆欧表测量过的设备,可能带有残余电压,测量后也要及时放电。

(4)接线方法

摇表的3个接线柱,分别标有"L"(线)、"E"(地)和"G"(屏)。测量时,将被测绝缘电阻接在"L"和"E"之间,例如测量电动机绕组的绝缘电阻时,将绕组的接线端接在"L"上,机壳接到"E"上,"G"是用来屏蔽表面电流。

(5)测量

测量时摇速应尽量接近120r/min的额定转速。

(二)万用表

万用表又称万能表,是一种可用于测量电流、电压、电阻等多用途、多量程的仪表。有的万用表还可进行电容、电感以及晶体管参数的简易测试等工作。

常用的万用表有指针式万用表和数字式万用表两种。

1. 指针式万用表及其使用

指针式万用表具有带标尺的刻度盘、转换开关、零欧姆调节旋钮和供测量接线的插孔,如图1-17所示。指针式万用表应水平放置,测量前首先检查表头指针是否在零点,若不在零点,可调节表头下方的机械调零旋钮使指针置于零位。

(1)直流电压的测量

将指针式万用表转换开关拨至直流电压挡,估计被测电压的大小,选择适当的量程,两表笔应跨接在被测电压的两端。红表笔插"+"极性插孔,接至被测电压的正极;黑表笔插"-"极性插孔,接至被测电压的负极。当指针反向偏转时,将红、黑两表笔交换后接至电路,再读取读数。被测电压的正负由电压的参考极性和实际极性是否一致来决定。

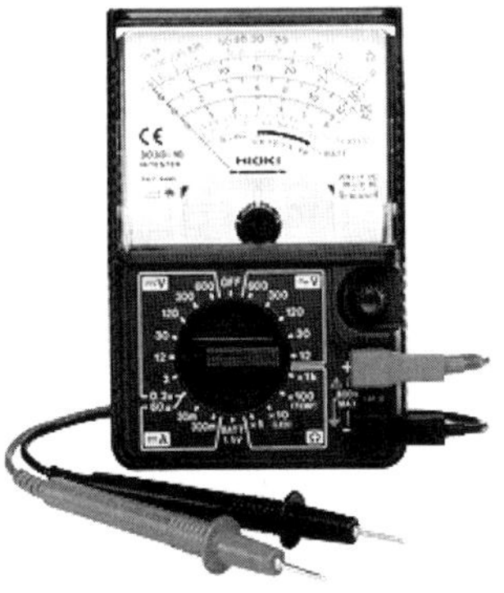

(2)交流电压的测量

将指针式万用表转换开关拨至交流电压挡,把两表笔跨接在被测电压的两端(不必区分正负极),交流电压挡标尺刻度为交流电压的有效值。

图1-17 指针式万用表

(3)电阻的测量

将指针式万用表转换开关拨至电阻挡,估计被测电阻的大小,选择电阻挡的量程,被测电阻的值应尽量接近这一挡的中心电阻值,这样才能提高测量电阻的准确性。

(4)二极管的测试

二极管的测试操作步骤如下:

①将红表笔插入"V/Ω"插孔,黑表笔插入"COM"插孔。

②将转换开关拨至"2K"测量挡,黑表笔接到被测二极管的正极,红表笔接到二极管的负极,所测的正向电阻值应为几千欧姆。

③将转换开关拨至"10K"测量挡,红表笔接到被测二极管的正极,黑表笔接到二极管的负极,所测的反向电阻值应为无穷大。

④若正向电阻的阻值过大或为无穷大,说明该二极管导通电阻大或开路;若反向电阻的阻值过小或为0,说明该二极管漏电或击穿。

2. 数字式万用表及其使用

数字式万用表(图1-18)采用LCD液晶显示,其最大显示为+1999或-1999,有自动调零和极性转换功能。过载时显示"1"或"-1",电池电压过低时,显示"←"标志,短路检查用蜂鸣器。

(1)交、直流电流的测量

根据测量电流的大小选择适当的电流测量量程和红表笔的插入孔,测量直流时,红表笔接触电压高一端,黑表笔接触电压低的一端,正向电流从红表笔流入数字式万用表,从黑表笔流出,当要测量的电流大小不确定时,先用最大的量程来测量,然后再逐渐减小量程来精确测量。

图1-18 数字式万用表

数字式万用表的使用

(2)交、直流电压的测量

将红表笔插入"V/Ω"插孔,黑表笔插入"COM"插孔,根据电压的大小选择适当的电压测量量程,黑表笔接触电路"地"端,红表笔接触电路中待测点。特别要注意,数字式万用表适合测量频率较低(45～500Hz)的交流电压,对于中、高频率信号的电压应采用交流毫伏表来测量。

(3)电阻的测量

将红表笔插入"V/Ω"插孔,黑表笔插入"COM"插孔,根据电阻的大小选择适当的电阻测量量程,将红表笔和黑表笔分别接触电阻两端,观察读数即可。测试在路电阻时,应先把电路的电源关断,以免引起读数抖动(在路测量只能大致判断电阻的好坏,不能测出电阻的阻值)。禁止用电阻挡测量电流或电压,否则容易损坏万用表。

(4)判断电容的好坏

利用电阻挡还可以定性判断电容的好坏。先用一支表笔的金属探头同时接触电容的两极,使电容两极短路放电,然后将数字式万用表的两支表笔分别接触电容的两极,观察电阻读数。若一开始电阻读数很小(相当于短路),然后随着电容的充电,电阻读数逐渐增大,最后电阻读数变为"1"(相当于开路),则说明该电容是好的。若按上述步骤操作,电阻读数始终不变,则说明该电容已损坏(开路或短路)。需要特别注意的是,测量时要根电容的大小选择合适的电阻量程,例如47μF用200k挡,而4.7μF则要用2M挡。

(5) 二极管导通电压测量

数字式万用表转换开关拨至二极管挡,将红表笔插入"V/Ω"插孔,黑表笔插入"COM"插孔,两表笔与二极管的接法如图 1-19 所示。

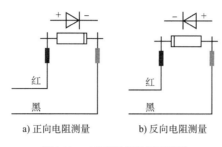

图 1-19　二极管导通检测示意图

若按图 1-19a)正向电阻接法测量,则被测二极管正向导通,数字式万用表显示二极管的正向导通电压。通常硅二极管正向导通电压应为 500～800mV,锗二极管正向导通电压应为 200～300mV。假若显示"000",则说明二极管击穿短路,假若显示"1",则说明二极管正向不通。若按图 1-19b)反向电阻接法测量,应显示"1",说明该二极管反向截止,若显示"000"或其他值,则说明二极管已反向击穿。

(6) 三极管的判别

采用上述二极管导通电压测量的方法可用于判断三极管的好坏以及对管脚的识别。测量时,先将一支表笔接在某一认定的管脚上,另外一支表笔则先后接到其余两个管脚上,如果这样测得两次均导通或均不导通,然后对换两支表笔再测,两次均不导通或均导通,则可以确定该三极管是好的,而且可以确定该认定的管脚就是三极管的基极。若是用红表笔接在基极,黑表笔分别接在另外两极均导通,则说明该三极管是 NPN 型;反之,则为 PNP 型。最后比较两个 PN 结正向导通电压的大小,读数较大的是发射结,读数较小的是集电结,由此可以判别出集电极和发射极。

(7) 三极管 β 值测试

将数字式万用表的功能量程开关转到 β 挡(hFE 挡),确定待测三极管的类型(NPN 型或 PNP 型)和管脚,然后将其管脚正确地插入对应类型的测试插孔中,即可直接从显示屏上读取 β 值;若显示"000",则说明该三极管已坏。

(8) 短路检测

将转换开关转到蜂鸣挡,两表笔分别测试点,若有短路,则蜂鸣器会响。

3. 万用表使用注意事项

(1) 使用前应熟悉万用表的各项功能,根据被测量的对象,正确选用挡位、量程及表笔插孔。

(2) 在对被测数据大小不明时,应先将量程开关置于最大值,而后由大量程往小量程挡处切换,使仪表指针指示在满刻度的 1/2 以上处即可。

(3) 测量电阻时,在选择了适当倍率挡后,将两表笔相碰使指针指在零位。如指针偏离零位,应调节"调零"旋钮,使指针归零,以保证测量结果准确。如不能调零或数显表发出低电压报警,应及时检查。

(4)在测量某电路电阻时,必须切断被测电路的电源,不得带电测量。

(5)使用万用表进行测量时,要注意人身和仪表设备的安全。在测试中不得用手触摸表笔的金属部分,以确保测量结果准确。不允许带电切换挡位开关,避免发生触电和烧毁仪表等事故。

知识单元 1-3　电气工程图

一、电气工程图基本知识

电气工程图是用图形和注解表达电气技术信息的重要数据媒体,是表示电气系统、装置和设备各组成部分的相互关系及其连接关系,用以说明其功能、用途、原理、装接和使用信息的图样。

(一)电气工程图的一般表达形式

1. 图

通过按比例表示项目及它们之间相互位置的图示形式来表达信息。图是图示法的各种表达形式的统称。

2. 简图

简图是采用图形符号和带注释的框图来表示包括连接线在内的一个系统或设备的多个部件或零件之间关系的图示形式。

3. 表图

表图是表达两个或多个变量、操作或状态之间关系的一种图示形式。

4. 表格

表格采用行和列的表达形式,用于说明系统、成套装置或设备中各组成部分之间的相互关系或连接关系,或者用以提供工作参数等,如接线表、材料明细和设备元件表等。

(二)电气工程图的分类

电气工程图一般分为功能性简图、位置与安装图、接线图(表)、项目表及其他文字说明四大类。

1. 功能性简图

功能性简图包括概略图、功能图及功能表图、逻辑功能图、电路图、等效电路图、端子功能图和时序表图。

(1)概略图。概略图是概略地表达一个项目的全面特性的简图,包括系统图、框图和网络图。图 1-20 所示为电气照明系统图,图 1-21 所示为轧钢厂系统框图,图 1-22 所示为架空线网络图。

模块1 车站低压配电与照明系统基础知识

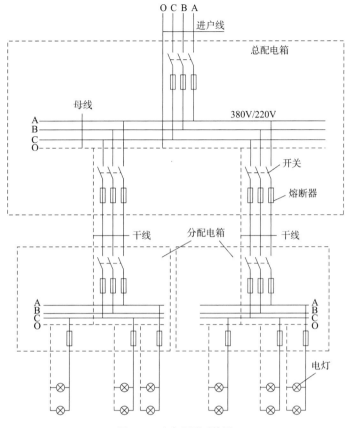

图 1-20　电气照明系统图

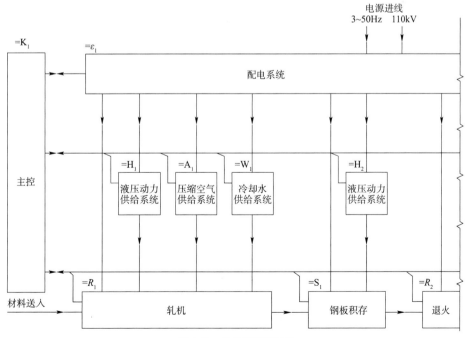

图 1-21　轧钢厂系统框图

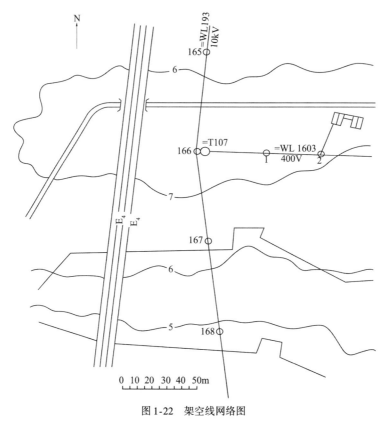

图1-22 架空线网络图

（2）功能图及功能表图。功能图是表达项目功能信息的简图。图1-23所示为电动机运行功能图。

（3）逻辑功能图。逻辑功能图是主要使用二进制逻辑元件符号的功能图。图1-24所示为二进制逻辑电路图。

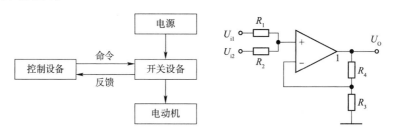

图1-23 电动机运行功能图　　　图1-24 二进制逻辑电路图

（4）电路图。电路图是表达项目电路组成和物理连接信息的简图。图1-25所示为电动机控制电路图。

（5）等效电路图。等效电路图是表达一个项目的电或磁行为模型信息的功能图，用于分析和计算电路特性或状态。图1-26所示为变压器绕组等效电路图。

（6）端子功能图。端子功能图是表示功能单元的各端子接口连接和内部功能的一种简图。图1-27a)所示为电磁式继电器线圈和触头端子功能图，图1-27b)为保护继电器组件端子功能图。

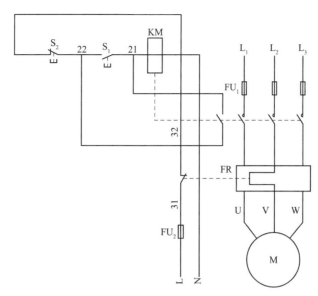

图 1-25 电动机控制电路图

FU_1、FU_2-熔断器；KM-接触器；FR-热继电器；S_1-起动按钮；S_2-停止按钮

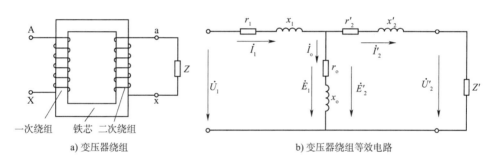

a) 变压器绕组　　　　　　　　　　　b) 变压器绕组等效电路

图 1-26 变压器绕组等效电路图

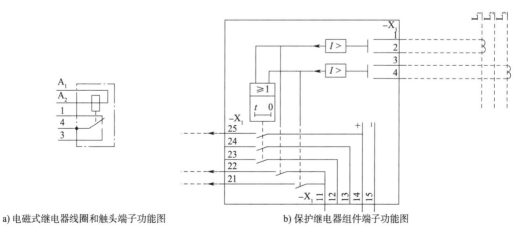

a) 电磁式继电器线圈和触头端子功能图　　　　b) 保护继电器组件端子功能图

图 1-27 端子功能图

（7）时序表图。时序表图是按比例绘出时间轴的顺序表图，如图 1-28 所示。

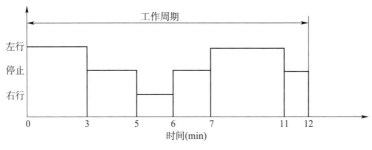

图 1-28 时序表图

2. 位置与安装图

位置与安装图表示项目在空间位置和平面的布置情况,以及项目之间的相对位置和安装尺寸,包括总平面图及布置图、安装图及安装简图、装配图等。

(1)总平面图及布置。总平面图表示建筑工程服务网络、通道工程、相对于测定点的位置、地表资料、进入方式和工区总体布局的平面图。图 1-29 所示为某机械加工厂安装的总平面布置图。

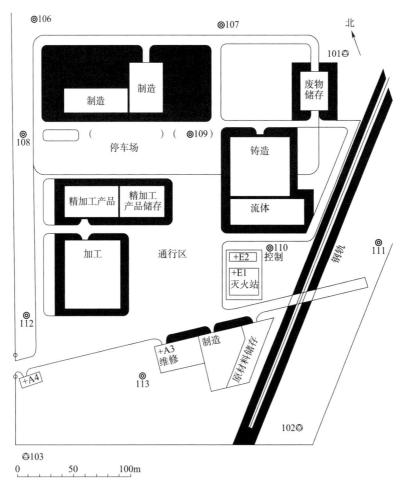

图 1-29 某机械加工厂的总平面布置图

(2)安装图及安装简图。安装简图表示各项目安装位置的图,以比较简略的形式表示各电气设备和装置安装的相对位置。

(3)装配图。装配图通常是按比例表示一组装配部件的空间位置和形状的图。

3. 接线图(表)

接线图(表)是表达项目组件或单元之间物理连接信息的简图(表)。接线图(表)包括单元接线图(表)、互联接线图(表)、端子接线图(表)、电缆图(表或清单)等。

(1)单元接线图(表)。单元接线图(表)是表示或列出一个结构单元内连接关系的接线图(表)。

(2)互联接线图(表)。互联接线图(表)是表示或列出不同结构单元之间物理连接信息的接线图(表)。图 1-30 所示为不同结构单元两个端子的局部装置的互联接线图。

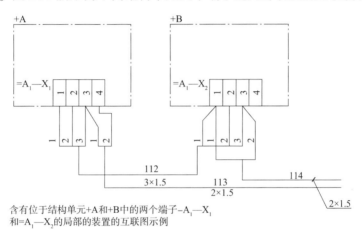

图 1-30 不同结构单元两个端子的局部装置的互联接线图

(3)端子接线图(表)。端子接线图(表)表示或列出一个结构单元的端子和该端子上的外部连接(必要时包括内部接线)的接线图(表)。

(4)电缆图(表或清单)。电缆图是提供不同项目之间电缆信息(如导线的识别标记、两端位置及特性、路径和功能等信息)的接线图(表或清单)。

4. 项目表及其他文字说明

这类电气工程图以表或文字的形式呈现,元件表、设备表、备用元件表及安装说明、试运转说明、使用说明和维修维护说明文件等均属此类。

(三)电气元件的符号

在电气工程图中,电气元件用符号表示。电气元件的符号包括图形符号和文字符号。图形符号和文字符号必须采用国家最新标准。

1. 图形符号

图形符号通常用于图样或其他文件,用于表示一个设备或概念的图形、标记或字符。图形符号包括符号要素、一般符号和限定符号。

(1)符号要素是指具有确定意义的简单图形,必须同其他图形组合构成一个设备或概念的完整符号。例如,接触器常开主触头符号由接触器触头功能符号和常开触头符号组合而成。

(2)一般符号表示一类产品和此类产品特征的一种简单的符号,如电动机可用一个圆圈表示。

(3)限定符号是提供附加信息的一种加在其他符号上的符号。限定符号不能单独使用,但可以使图形符号更具多样性。

2. 文字符号

文字符号可用于电气技术领域中技术文件的编制,表示电气设备、装置和元件的名称、功能、状态及特征。文字符号包括基本文字符号、辅助文字符号、补充文字符号。

(1)基本文字符号有单字母符号和双字母符号。

①单字母符号按拉丁字母顺序将各种电气设备、装置和元器件划分成为23大类,每一类用一个专用单字母符号表示,如"C"表示电容器类,"R"表示电阻器类等。

②双字母符号由一个表示种类的单字母符号与另一个字母组成,且以单字母符号在前,另一字母在后的次序列出,如"F"表示保护器件类,"FU"表示为熔断器。

(2)辅助文字符号表示电气设备、装置和元器件以及电路的功能、状态及特征。

(3)补充文字符号是指当规定的基本文字符号和辅助文字符号不够使用时,可按国家标准中文字符号组成规律和原则予以补充。

二、电气工程图连接线的表示

在电气工程图中,各元器件之间都采用导线连接,起到传输电能、传递信息的作用。

(一)导线的一般表示法

单根导线可用一般的图线表示。多根导线,可分别画出,也可只画一根图线,但必须加以标志。若导线少于4根,可用短画线数量代表根数;若导线多于4根,可在短画线旁加数字表示,如图1-31a)所示。要表示电路相序的变换、极性的反向、导线的交换等,可采用交换号表示,如图1-31b)所示。

要表示导线的型号、截面、安装方法等,可采用短指引线指引,加标导线属性和敷设方法,如图1-31c)所示。该图表示导线的型号为BLV(铝芯塑料绝缘线),其中3根截面积为$25mm^2$,1根截面积为$16mm^2$,敷设方法为穿入塑料管(VG),塑料管管径为40mm,沿地板暗敷(DA)。

导线特征的表示方法为:横线上面标出电流种类、配电系统、频率和电压等;横线下面标出电路的导线数乘以每根导线截面积(mm^2),当导线的截面积不同时,可用"+"将其分开,如图1-31d)所示。

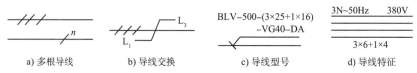

a) 多根导线　　b) 导线交换　　c) 导线型号　　d) 导线特征

图1-31　导线表示

(二) 导线连接点的表示

导线的连接点有"T"形连接点和多线的"+"形连接点。对于"T"形连接点,可加实心圆点,也可不加,如图1-32a)所示。对于"+"形连接点,必须加实心圆点,如图1-32b)所示。而对于交叉不连接的,不能加实心圆点,如图1-32c)所示。

a) 导线"T"形连接 　　　b) 导线"+"形连接 　　　c) 导线交叉不连接

图1-32　导线连接点的表示

三、电气工程图识读

(一) 识读电气工程图的基本要求

1. 掌握各类电气工程图的绘制特点

各类电气工程图都有各自的绘制方法和绘制特点,掌握并利用这些特点,以提高读图效率,提高设计和制图能力。

对于大型的电气工程图纸,读图时应将各种有关的图纸联系起来对照识读。比如,通过系统图、电路图寻找设备的相互联系;通过接线图、布置图寻找设备的位置,交错识读必能达到事半功倍的效果。

2. 把电气工程图与土建图、管路图等对应起来识读

电气施工往往与主体工程(土建工程)及其他工程、工艺管道、蒸汽管道、给排水管道、采暖通风管道、通信线路、机械设备等项安装工程配合进行。电气设备的布置与土建工程的平面布置、立面布置有关,还与管道的规格、用途有关;线路走向与建筑结构的梁、柱、门窗、楼板的位置有关;安装方法又与墙体结构、楼板材料有关;特别是一些暗敷线路、电气设备基础及各种电气预埋件更与土建工程密切相关。因此,一些电气工程图要与有关的土建图、管路图及安装图对应起来识读。

3. 了解涉及电气工程图的有关标准和规程

电气工程图的主要目的是用来指导施工、安装、运行、维修和管理。有关技术要求不可能一一在图纸上标注出来,但这些技术要求在有关的国家标准或技术规程、技术规范中已作了明确的规定。因此,在识读电气工程图时,还需要了解这些相关标准、规程和规范,以做到正确识读电气工程图。

4. 了解电气元器件的作用

在机床等机械设备的控制电路中,常用各种接触器、继电器和控制开关等;在供电电路中,常用断路器、隔离开关、负荷开关、熔断器、互感器等;在电力电子电路中,常用各种晶体管、晶闸管和集成电路等。在识读电气工程图时,应了解这些电气元器件的性能、结构、原理、相互的控制关系及在整个电路中的地位和作用等。

5. 熟记并会用各个图形符号和文字符号

电气工程简图使用的图形符号和文字符号及项目代号、接线端子标记等是电气技术文件的"词汇"。图形符号和文字符号有很多,熟练掌握各专业共用的和专用的图形符号,对识读电气技术文件会有很大帮助。

(二)识读电气工程图的一般步骤

1. 详看图纸说明

拿到图纸后,首先要仔细阅读图纸的主标题栏和有关说明,如图纸目录、技术说明、元件明细表、施工说明书等,对该电气工程图的类型、性质、作用有一个明确的认识,从整体上理解图纸的概况和所要表述的重点。

2. 识读系统图和框图

系统图和框图是用符号或带注释的框概略表示系统或分系统的基本组成、相互关系及其主要特征的一种简图,常用来表示整个工程或其中某一项目的供电方式和电能输送关系,也可表示某一装置或设备各主要组成部分的关系。由于系统图和框图只是概略表示系统的组成、关系及特征,识读时应紧密结合电路图。

3. 识读电路图

电路图是电气工程图的核心,识读电气工程图时,首先要看清图中的图形符号和文字符号,了解电路图各组成部分的作用,分清主电路和辅助电路、交流回路和直流回路;其次,按照先看主电路、再看辅助电路的顺序进行读图。

4. 电气工程图与接线图对照起来识读

识读接线图时,应和电气工程图互相对照,要根据端子标志、回路标号从电源端依次向下阅读,明确线路的走向、电路的连接方式、回路的构成等。

配电盘(屏)内外线路相互连接必须通过接线端子板。一般情况下,配电盘(屏)内设有线号,端子板上设置各个线号的接点,外部电路通过端子板接点接出。因此,识读接线图时,要捋清配电盘(屏)内外的线路的走向和端子板的接线情况。

知识单元1-4 低压配电系统接地

一、接地与接零

(一)接地

接地是指电力系统和电气装置的中性点、电气设备的外露导电部分和装置外导电部分经由导体与大地相连。接地的作用主要是防止人体遭受电击、设备和线路遭受损坏,预防火灾和防止雷击,防止静电损害和保障电力系统正常运行。

接地是为保证电工设备正常工作和人身安全而采取的一种用电安全措施,通过金属导线与接地装置连接来实现。按照作用分类,电力系统接地可分为工作接地、保护接地、重复接地、防雷接地、屏蔽接地、防静电接地。

1. 工作接地

工作接地是指将电力系统的中性点直接接入大地,或经消弧线圈、电阻等与大地金属连接,如图1-33所示。电力系统采取中性点接地可使接地继电保护装置准确动作并消除单相电弧接地过电压。中性点接地可防止零序电压偏移,保持三相电压基本平衡。在中性点接地系统中,当一相接地,人体触及另外两相之一时中性点接地电阻接近于零,人体与地之间电位差近于零,这样就降低了人体的接触电压。中性点接地系统中,一相接地电流成为很大的单相短路电流,保护装置必须能够准确、迅速地切断故障线。当一相接地时,其他两相对地电压是相电压。因此,在中性点接地系统中,电气设备和线路时绝缘水平可按相电压考虑,以降低成本。

在中性点不接地系统中,当一相接地,人体触及另外两相之一时所受到的接触电压将超相电压而成为线电压。

2. 保护接地

保护接地是指为防止电气设备的金属外壳、配电装置的构架和线路杆塔等带电危及人身和设备安全而进行的接地。保护接地是将正常情况下不带电,而在绝缘材料损坏后或其他情况下可能带电的电器金属部分用导线与接地体可靠连接起来的一种保护接线方式,如图1-34所示。保护接地一般用于配电变压器中性点不直接接地的供电系统中,用以保证当电气设备因绝缘损坏而漏电时产生的对地电压不超过安全范围。

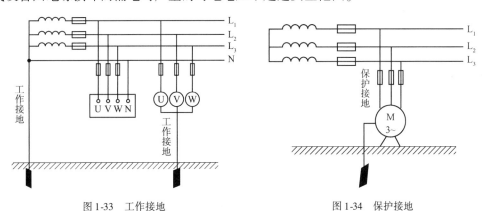

图1-33 工作接地　　　　　　　图1-34 保护接地

保护接地是防止人身触电事故、保证电气设备正常运行的重要技术措施,可防止在绝缘损坏或意外情况下金属外壳带电时强电流通过人体,以保证人身安全。

3. 重复接地

重复接地是在中性点直接接地的系统中,在零线的一处或多处用金属导线连接接地装置,如图1-35所示。零线重复接地能够缩短故障持续时间,降低零线上的压降损耗,减轻相、零线反接的危险性。在保护线发生断路后,当电气设备的绝缘损坏或相线漏电时,零线重复接地还能降低故障设备的对地电压,减小发生触电事故的危险。因此,零线重复接地在电力网络中具有相当重要的作用。

4. 防雷接地

防雷接地是防雷措施的一部分,其作用是在受到雷电袭击时把雷电流引入大地。建筑物和电气设备的防雷主要是将避雷器的一端与被保护设备相接,另一端连接地装置。当受到雷电袭击时,避雷装置将雷电引向自身,雷电流经过避雷器引下线和接地装置进入大地,从而防止雷电流对人或物造成损害。

5. 屏蔽接地

屏蔽接地是一种电磁兼容性措施,是通过将电缆或设备周围的金属屏蔽层接地,来减少电磁干扰的一种方法。屏蔽接地主要作用是保护电气设备,防止电气设备受到干扰而发生故障或产生误差。屏蔽接地能够有效地降低电磁辐射和电磁敏感性,减小噪声信号对电气设备造成的影响,保证电气设备正常工作,提高电气设备的可靠性和安全性。

6. 防静电接地

防静电接地是为了消除导体上的静电、降低静电放电损害设备等而采取的措施。防静电接地是消除静电危害最简单、最常用的方法。防静电接地包括直接接地、间接接地和跨接接地三类。

(二) 接零

接零是指中性点直接接地的电网中,一切电气设备正常情况下不带电的金属外壳以及和它相连接的金属部分与零线做可靠的电气连接。保护接零是把电气设备的金属外壳和电网的零线可靠连接,以保护人身安全的一种用电安全措施,如图1-36所示。在电网中采取保护接零方式,当电气设备因绝缘损坏或意外情况而使金属外壳带电时,形成相线对中性线的单相短路,则线路上的保护装置迅速动作,切断电源,从而使设备的金属部分不至于长时间存在危险的电压,这就保证了人身安全,防止发生触电事故。

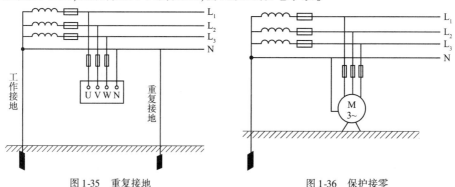

图1-35 重复接地　　　　　图1-36 保护接零

同一电源供电的设备,不容许一部分设备采用保护接零,另一部分设备采用保护接地。因为当保护接地的设备外壳带电时,若其接地电阻较大,故障电流不足以使保护装置动作,则因存在工作电阻,使中性线上一直存在危险电压,此时,导致保护接零设备的外壳上也长时间存在危险的电压,危及人身安全。

(三) 接地装置

接地装置将电气设备和其他生产设备上可能产生的漏电流、静电荷以及雷电电流等引入地下,从而避免人身触电和可能发生的火灾、爆炸等事故。

1. 接地装置的组成

接地装置由接地体和接地线组成。直接与土壤接触的金属导体称为接地体或接地极。电气设备需与接地体连接的金属导体称为接地线。接地体可分为自然接地体和人工接地体两类。钢筋混凝土建筑物的钢筋、金属井管和金属构件等作为接地体的称为自然接地体,人工埋入大地的钢管角钢、圆钢、扁钢及铜板等金属物作为接地体的称为人工接地体。人工接地体可垂直埋置,也可水平埋置,当土壤有强烈腐蚀性时,应将接地体表面镀锡或热镀锌,并适当加大截面。人工接地体埋置的深度要考虑不易遭受外力破坏、土壤电导率受季节影响变动较小、接地电阻稳定等因素。因此,人工接地体的顶端一般埋入地表面下 0.5 ~ 1.5m 处。

2. 接地装置的分类

接地装置按接地体数量的多少,可分为单极接地装置、多极接地装置和接地网络。

(1)单极接地装置

单极接地装置由一个接地体与接地线组成的接地装置,如图 1-37a)所示。接地线的一端与接地体相连,另一端与电气设备的接地点相连。单极接地装置适用于对接地要求不太高和电气设备接地点较少的场合。

(2)多极接地装置

多极接地装置由两个或两个以上接地体与接地线组成,各接地体之间用接地干线连成一体,如图 1-37b)所示。接地干线与电气设备的接地点由接地支线相连。多极接地装置可靠性高,接地电阻小,适用于对接地要求较高、电气设备接地点较多的场合。

(3)接地网络

接地网络是将多个接地体用接地干线连接成网络,如图 1-37c)所示。接地网络具有接地可靠、接地电阻小的特点,适合大量电气设备接地的需要,多用于配电站、大型车间等场所。

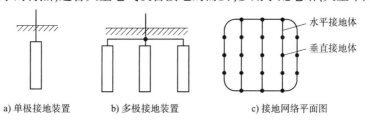

a)单极接地装置　　b)多极接地装置　　c)接地网络平面图

图 1-37　接地装置

(四)接地电阻

接地电阻是电流由接地装置流入大地,再经大地流向另一接地体或向远处扩散所受到的电阻。接地电阻包括接地线和接地体本身的电阻、接地体与大地的接触电阻以及两接地体之间大地的电阻或接地体到无限远处的大地电阻。接地电阻的大小直接体现了电气设备的接地装置与"地"接触的良好程度。

根据配电系统的类型以及接地故障电流的大小规定了不同的接地电阻值。例如,大接地短路电流系统接地电阻应小于或等于 0.5Ω;容量在 100kVA 以上的变压器或发电机接地电阻应小于或等于4Ω;独立避雷针、独立的安全保护、小接地电流系统、容量在100kVA及以下的变压器或发电机、高低压设备共用的接地电阻应小于或等于10Ω;低压线路金属杆、水泥杆及烟囱的接地电阻应小于或等于30Ω;防静电接地电阻一般要求小于或等于100Ω;共用接地体(联合接地)接地电阻应不大于1Ω等。

二、低压配电系统接地形式

低压配电系统按接地形式分为TN系统、TT系统和IT系统。

在TN、TT、IT系统中,第一个字母表示电源端与地的关系,其中T表示电源中性点直接接地,I表示电源中性点不接地或通过高阻抗接地;第二个字母表示电气设备外露可导电部分与地的关系,其中T表示电气设备外露可导电部分直接接地,此接地点与电源端的接地点没有关系,N表示电气设备外露可导电部分与电源中性点直接连接。

(一)TN系统

TN系统是指电源中性点直接接地、设备外露可导电部分与电源中性点直接电气连接的系统。TN系统主要是靠单相电源漏电故障变成单相短路故障,并通过短路保护切断电源来实现电击防护的。TN系统节省材料,在我国和其他许多国家得到广泛应用。根据中性线(N线)与保护线(PE线)的不同安排方式,TN系统分为TN-C系统、TN-S系统和TN-C-S系统三种形式。

1. TN-C系统

TN-C系统(图1-38)是将保护线和中性线的功能综合起来,由一根称为保护中性线(PEN线)的导体同时承担两者的功能。在用电设备处,PEN线既连接到负荷中性点上,又连接到设备外露的可导电部分。由于TN-C系统技术上存在弊端,现在已很少采用,尤其是在民用配电中已基本上不允许采用。

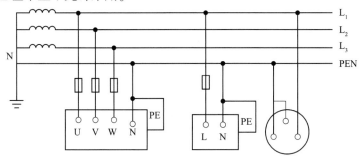

图1-38 TN-C系统

TN-C系统具有如下特点:

(1)设备外壳漏电时转为单相对地短路故障,将漏电电流变为短路电流,保护装置动作,切断故障设备电源。

(2)TN-C系统只适用于三相负载基本平衡的情况,若三相负载不平衡,中性线上有不平衡电流,对地有电压,所以与保护线所连接的电气设备金属外壳有一定的电压。

(3)如果中性线断线,则保护接零的通电设备外壳带电。如果电源的相线接地,则设备的外壳电位升高,使中性线上的危险电位蔓延。

(4)当 TN-C 系统干线上使用漏电断路器时,中性线后面的所有重复接地必须拆除,否则漏电开关合不上闸。

2. TN-S 系统

TN-S 系统(图 1-39)电源中性线 N 直接接地,电气设备外露可导电部分通过保护线连接到电源中性点,与电源中性点共用接地体,其中性线和保护线是分开的。TN-S 系统的最大特征是 N 线与 PE 线在电源中性点分开后,不能再有任何电气连接,这一条件一旦破坏,TN-S 系统便不再成立。

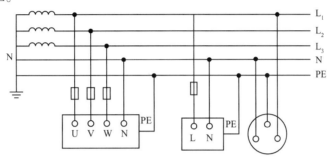

图 1-39 TN-S 系统

TN-S 系统的特点如下:

(1)TN-S 系统正常运行时,专用保护线上没有电流,只是中性线上有不平衡电流。保护线对地没有电压,所以电气设备金属外壳接零保护是接在专用的保护线上,安全可靠。

(2)中性线只用作单相照明负载回路,保护线不许断线,也不许接入漏电开关。

(3)TN-S 系统供电干线上可以使用漏电保护器,但中性线不得有重复接地。

(4)TN-S 方式供电系统安全可靠,适用于工业与民用建筑等低压供电系统。

3. TN-C-S 系统

TN-C-S 系统是 TN-C 系统和 TN-S 系统的结合形式,如图 1-40 所示。在 TN-C-S 系统中,前半部分采用 TN-C 系统,后半部分将保护中性线 PEN 分开形成单独的 N 线和 PE 线,相当于 TN-S 系统。

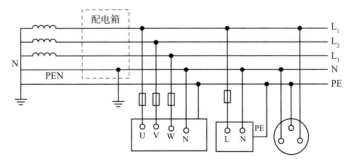

图 1-40 TN-C-S 系统

实际上,TN-C-S 系统是 TN-C 系统的临时变通,当三相电力变压器工作接地情况良好、三相负载比较平衡时,TN-C-S 系统体现出一定优势。但是,在三相负载不平衡、建筑施工工地有专用的电力变压器时,必须采用 TN-S 供电系统。

TN-C-S 系统的特点如下:

(1)TN-C-S 系统要求负载不平衡电流不能太大,而且在 PE 线上应作重复接地。

(2)TN-C-S 系统保护线在任何情况下都不能接入漏电保护器。

(3)保护线只能在总箱处和中性线相接,其他各分箱处均不得把中性线和保护线相接,中性线上不许安装开关和熔断器。

(二)TT 系统

TT 系统是指电源中性点直接接地、用电设备外露可导电部分也直接接地的系统。通常将电源中性点的接地叫作工作接地,而用电设备外露可导电部分的接地叫作保护接地。

如图 1-41 所示,TT 系统中电源中性点的接地和用电设备外露可导电部分的接地必须是相互独立的。用电设备接地可以是每一设备都有各自独立的接地装置,也可以若干设备共用一个接地装置。TT 系统中负载的所有接地均称为保护接地。

(三)IT 系统

IT 系统是指电源中性点不接地、用电设备外露可导电部分直接接地的系统,如图 1-42 所示。IT 系统可以有中性线。但国际电工委员会(IEC)强烈建议不设置中性线,因为设置中性线,在 IT 系统中 N 线任何一点发生接地故障,该系统将不再是 IT 系统了。

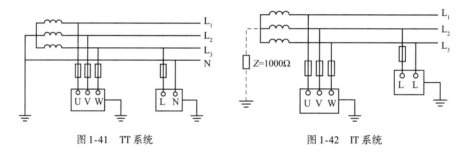

图 1-41　TT 系统　　　　　　　图 1-42　IT 系统

三、城市轨道交通车站综合接地系统

城市轨道交通车站装有数量庞大的交流电气装置,为了使这些装置在电力系统正常运行和故障时能够保证设备和人员的安全,需要对城市轨道交通车站做综合接地的设计。城市轨道交通车站设置综合接地系统的目的在于保障运营人员及乘客的安全,保护城市轨道交通设备设施防止电击和电气干扰,使全线形成统一的高低压兼容、强弱电合一的接地系统,满足车站内各类设备的工作接地、安全接地及防雷接地功能。

城市轨道交通车站综合接地系统是指将轨道沿线的牵引供电系统、信号系统、通信及其他电子信息系统、建筑物、道床、站台、隧道等需要接地的装置通过贯通地线连成一体的接地系统。同时,该贯通地线也是牵引回流的一个主要路径,从原理上来看,就是将共用接地系统通过等电位联结构成一个等电位体。

城市轨道交通车站综合接地系统主要由接地网、接地母排、接地端子箱和接地电缆等组成,整条线路各车站综合接地网应通过接地扁钢连接起来,使全线形成统一的综合接地系统。图1-43展示了某城市轨道交通车站综合接地系统。

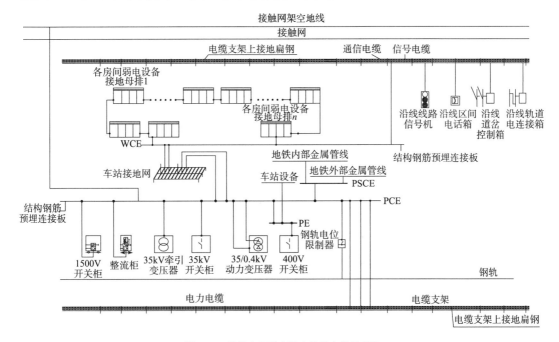

图1-43 某城市轨道交通车站综合接地系统

PE—接地线;WCE—弱电设备接地母排;PCE—变电所强电设备接地母排;PSCE—车站金属管线接地母排

城市轨道交通车站综合接地系统应满足以下要求:

(1)在城市轨道交通车站变电所设置强电和弱电设备共用的综合接地网,接地网接地电阻应满足各种设备的接地要求。

(2)城市轨道交通车站综合接地系统分别设置强电设备接地引出线、弱电设备接地引出线和预留设备接地引出线,且每组引出线间的电气距离满足相关要求。

(3)接地装置应考虑土壤随季节变化的影响,接地电阻在四季中均应满足要求。

(4)综合接地系统应同时满足变电所设备、弱电设备及其他需接地的车站设备对接地的要求。

(5)保护运营人员和旅客安全,防止电击;保护轨道交通设备、设施,防止损坏。

城市轨道交通车站综合接地网的设计采用人工接地网,水平接地体一般距站台底板下800mm敷设,在局部遇到下翻梁时,应局部加深,与梁保持不小于600mm的间距。实际工程设计中应设置包含结构钢筋在内的总等电位联结措施,并充分利用自然接地体作为接地装置,在站台板下结构主体上预埋与结构钢筋相连的钢板,通过接地母排与人工接地网连接。设计城市轨道交通车站综合接地系统时,应在保证人身安全、设备安全及运营可靠性的基础上,尽可能减少投资。

四、等电位联结

等电位联结是把建筑物内及其附近的所有金属物,如钢筋、金属管道、机器基础金属物及其他大型的埋地金属物、电缆金属屏蔽层、电力系统的零线、建筑物的接地线等,用电气连接的方式联结起来,使整座建筑物成为一个良好的等电位体,如图1-44所示。

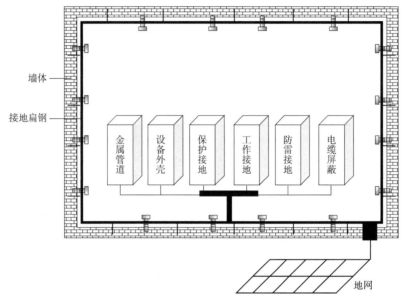

图1-44 等电位联结

等电位联结分为总等电位联结和局部等电位联结。总等电位联结是通过每一进线配电箱附近的总等电位联结母排将进线配电箱的保护母排、公用设施的金属管道、建筑物金属结构和接地引出线互相连通,它的作用在于降低建筑物内间接接触电压和不同金属部件间的电位差,并消除建筑物以外经电气线路和各种金属管道引入的危险故障电压的危害。局部等电位联结是在局部范围内通过局部等电位联结端子板用铜芯导线将墙体钢筋、金属结构件、公用设施的金属管道、用电设备外壳等互相连通。

等电位联结对用电安全、防雷以及电子信息设备的正常工作和安全使用起着非常重要的作用,具体如下:

(1)等电位联结是内部防雷措施的一部分。等电位联结将本层柱内主筋、建筑物的金属构架、金属装置、电气装置、电信装置等连接起来,形成一个等电位联结网络,可防止直击雷、感应雷或其他形式的雷,避免火灾、爆炸、生命危险和设备损坏。

(2)等电位联结可以将静电电荷收集并传送到接地网,从而消除和防止静电危害。

(3)等电位联结可以保证所有屏蔽和设备外壳之间实现良好的电气连接,减少电磁干扰。

(4)等电位联结使发生完全接地短路故障的相线点位与保护线连接的设备外壳及周围环境的电位相等,因而不会产生电位差引起的电击危险。

(5)等电位联结只是简单的导线连接,不需要复杂的技术支持。其所用设备仅是等电位箱和铜导线,投资少,但却能极大地消除安全隐患。

技能单元 1-1　导线剥削、连接及绝缘恢复

技能目标

熟练掌握各种导线剥削和连接方法;掌握导线绝缘恢复的基本要求和操作要领。

情境引入

小王自职业院校城市轨道交通机电技术专业毕业后进入城市轨道交通运营企业工作。在工作中,小王和他的同事需要定期对车站低压配电与照明线路和设备进行检修和维护作业。车站供配电线路检修和维护作业的基础便是导线的连接和连接后绝缘层的恢复。

任课教师可根据课程标准、实训条件、区域企业岗位技能要求等灵活设置工作情景,有针对性地进行考核。

技能实作

一、导线绝缘层剥削

1. 塑料硬线的剥削

除去塑料硬线绝缘层的常用工具有剥线钳、钢丝钳、电工刀。

(1)线芯截面积为 $4mm^2$ 以下的塑料硬线,可用钢丝钳剥离。

具体方法:根据所需线头长度,用钢丝钳刀口轻轻切破绝缘层表皮,但不可切入线芯,一手把紧导线,另一手握紧钢丝钳头部,用力向外勒去塑料绝缘层。

绝缘层剥削

在勒去绝缘层时,不可在刀口处加剪切力,以免伤及线芯。有条件时,可使用剥线钳。

(2)线芯截面积大于 $4mm^2$ 的塑料硬线,一般用电工刀进行剥削。

具体方法:根据所需线头长度,电工刀刀口以 45°角切入塑料绝缘层,但不可伤及线芯,刀面与线芯保持 15°角向外推进,将绝缘层削出一个缺口,将未削去的绝缘层向后扳翻,再用电工刀切齐。

2. 塑料软线的剥削

因塑料软线太软,其绝缘层只能用剥线钳或钢丝钳进行剥削,不能使用电工刀。使用剥线钳剥削的方法:先将线头放在大于线芯的切口上,用手将钳柄一握,导线的绝缘层即可自动剥离、弹出。

3. 护套线的剥削

护套线分为外层公共护套层和内部每根线芯的绝缘层。公共护套层一般用电工刀剥削,按所需长度用刀尖在线芯缝隙间划开护套层,并将护套层向后扳翻,用刀口齐根切去。

切去护套层后,露出的每根线芯绝缘层剥削方法同塑料软线。

二、导线连接

1. 单股铜芯导线直接连接

具体方法:①将除去绝缘层和氧化层的两线头呈X形相交,并互相缠绕2~3圈;②扳直两线端,并在对边线芯上缠绕到线芯直径的6~8倍;③将多余的线端剪去,钳平切口毛刺。单股铜芯导线直接连接如图1-45所示。

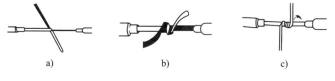

图1-45 单股铜芯导线直接连接

单股铜芯导线
直接连接

2. 单股铜芯导线T形连接

具体方法:①将分支线芯的线头与干线线芯十字相交,使支路线芯根部留出约3~5mm;②按顺时针方向缠绕支路线芯,缠绕6~8圈;③用钢丝钳切去余下的线芯,并钳平线芯末端。单股铜芯导线T形连接如图1-46所示。

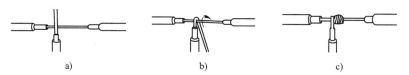

图1-46 单股铜芯导线T形连接

单股铜芯导线
T形连接

3. 多股铜芯导线直接连接

具体方法:①把剖去绝缘层的线芯散开并拉直,把靠近根部的1/3线段的线芯绞紧,然后把余下的2/3线芯头分散成伞形,并把每根线芯拉直;②把两个伞形线芯头隔根对叉,并拉直两端线芯;③把一端多股线芯平均分成三组;④把第一组线芯扳起,垂直于线芯,并按顺时针方向缠绕2~3圈,将余下的线芯向右扳直;⑤把第二组线芯向上扳直,也按顺时针方向紧紧压着前一组扳直的线芯缠绕2~3圈,将余下的线芯向右扳直;⑥把第三组线芯向上扳直,也按顺时针方向紧紧压着前两组扳直的线芯缠绕3~4圈;⑦切去每组多余的线芯,钳平线端,采用同样的方法再缠绕另一端线芯。多股铜芯导线直接连接如图1-47所示。

多股铜芯导线
直接连接

4. 多股铜芯导线T形连接

具体方法:①剥去干线和支线的绝缘层;②将支线裸线部分的5/6L散开扳直,把靠近绝缘层线芯的1/6L绞紧,再把松开的线芯扳成伞骨状;③剪去中间的线,把剩余股线分成相等的两部分并理顺,交叉插到干线的中点上;④将插接的支线在右边干线上缠绕3~4圈,同样,将支线在左边干线上以相反方向缠绕3~4圈;⑤将支线稍微拧紧。多股铜芯导线T形连接如图1-48所示。

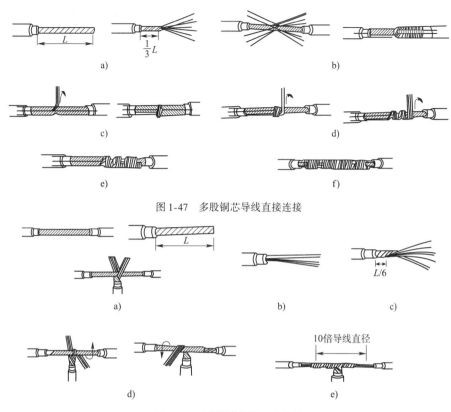

图 1-47 多股铜芯导线直接连接

图 1-48 多股铜芯导线 T 形连接

三、绝缘恢复

导线绝缘层破损后必须进行绝缘恢复,导线连接后也必须将绝缘恢复。通常用黄蜡带、涤纶薄膜和黑胶布作为绝缘层恢复的材料。黄蜡带和黑胶布一般宽 20mm 较适中,包扎也方便。

绝缘层恢复

1. 直接连接导线的绝缘恢复

具体方法:将黄蜡带从导线左边完整的绝缘层开始包缠,包缠约 2 根带宽(40mm)后,方可进入无绝缘层的线芯部分;黄蜡带与导线保持 55°的倾斜角,后一圈叠压在前一圈 1/2 的宽度上,包缠 1 层黄蜡带后,将黑胶布接在黄蜡带的尾端,向相反方向斜叠包缠,仍倾斜 55°,后一圈叠压在前一圈 1/2 处。

2. T 形连接导线的绝缘恢复

具体方法:

(1)将黄蜡带从接头左端开始包缠,每圈叠压带宽的 1/2 左右。

(2)缠绕至支线时,用手指顶住左侧直角处的带面,使其紧贴于转角处线芯,并且要使处于接头顶部的带面尽量向右侧斜压。

(3)当缠绕到右侧转角处时,用手指顶住右侧直角处带面,将带面在干线顶部向左侧斜压,使其与被压在下边的带面呈 X 状交叉,然后再把黄蜡带回绕到左侧转角处。

(4)使黄蜡带从接头交叉处开始在支线上向下包缠,并使黄蜡带向右侧倾斜。

(5)在支线上绕至绝缘层上约2根带宽时,黄蜡带折回向上包缠,并使黄蜡带向左侧倾斜,绕至接头交叉处,使黄蜡带缠绕过干线顶部,然后开始在干线右侧线芯上进行包缠。

(6)包缠至干线右端的完好绝缘层后,再接上黑胶带,按上述方法包缠一层即可。

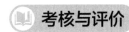

一、通用能力考核(20%)

评价内容	评分				得分	总分
	非常好	较好	一般	较差		
工作态度	27~30	22~26	16~21	<16		
团队合作	27~30	22~26	16~21	<16		
沟通表达	18~20	14~17	10~13	<10		
服从指挥	18~20	14~17	10~13	<10		

二、过程性考核(80%)

序号	考核内容	考核要点	评分标准	配分(分)	扣分(分)	得分(分)
1	导线绝缘层剥削	(1)单股铜芯导线的剥削(5分); (2)多股铜芯导线的剥削(5分)	(1)导线绝缘层剥削方法不正确(扣2分); (2)导线铜芯有损伤或断裂(扣2分)	10		
2	导线连接	(1)单股铜芯导线直接连接(15分); (2)单股铜芯导线T形连接(15分); (3)多股铜芯导线直接连接(15分); (4)多股铜芯导线T形连接(15分)	(1)缠绕方法不正确(扣5分); (2)密绕不紧有间隙,每处(扣2分)	60		
3	绝缘恢复	(1)直接连接导线的绝缘恢复(15分); (2)T形连接导线的绝缘恢复(15分)	(1)裸露线芯(扣15分); (2)胶带缠绕稀疏(扣5分)	30		
		总分		100		

技能单元 1-2　摇表的使用

技能目标
掌握摇表的使用方法及注意事项。

情境引入
城市轨道交通车站的一些低压配电与照明设备检修结束后需要对线路进行绝缘恢复与检测,以确保设备和人身安全,这时需要应用摇表对线路进行绝缘检测。

任课教师可根据课程标准、实训条件、区域企业岗位技能要求等灵活设置工作情景,有针对性地进行考核。

技能实作

一、使用前的准备工作

(1)测量前必须先将被测设备电源切断,并对地短路放电,决不允许设备带电进行测量,以确保人身安全和设备安全。

(2)对可能感应出高压电的设备,必须消除这种可能性后,才能进行测量。

(3)清洁被测物表面,减少接触电阻,确保测量结果的准确性。

(4)测量前要检查摇表是否处于正常工作状态,主要检查其是否能达到"0"和"∞"两个位置。摇动手柄,使发电机达到额定转速,开路时应指在"∞"位置;轻摇手柄,摇表在短路时应指在"0"位置。

(5)摇表引线应使用多股软线,并且具有良好的绝缘性能。

(6)不能全部停电的双回架空线路和母线,在被测回路的感应电压超过12V时,或当雷雨发生时的架空线路及与架空线路相连接的电气设备,禁止进行测量。

(7)使用时应将摇表放在平稳、牢固的地方,且远离大的外电流导体和外磁场。

二、使用摇表测试绝缘情况

1. 摇表的选择

选择摇表时应根据不同的电气设备选择摇表的电压及其测量范围。对于额定电压在500V以下的电气设备,应选用电压等级为500V或1000V的摇表;对于额定电压在500V以上的电气设备,应选用1000~2500V的摇表。

2. 测量前的准备

测量前切断被测设备的电源并放电,特别是电容量较大的设备,更应充分放电,以消除残余静电荷,防引起触电和测量误差,保证正确的测量结果以及人身安全和设备安全;应将被测物表面擦拭干净,以免影响测试结果。

在使用前应将摇表平稳放置在远离大电流导体和有外磁场的地方;测量前对摇表本身进行检查。开路检查时,两根线不要绞在一起,将发电机摇动到额定转速,指针应指在"∞"位置。短路检查时,将表笔短接,缓慢转动发电机手柄,看指针是否到"0"位置。若"0"位或"∞"位达不到,说明摇表有问题,必须进行检修。

3. 接线

一般摇表上有3个接线柱,"L"为"线"或"火线"接线柱;"E"为"地"接线柱,"G"为屏蔽接线柱。一般情况下使用有足够绝缘强度的单相绝缘线将"L"和"E"分别接到被测物导体部分和被测物的外壳或其他导体部分。在特殊情况下,如被测物表面受到污染不能擦干净、空气太潮湿,或者有外电磁场干扰等,必须将"G"端接到被测物的金属屏蔽保护环上,以消除表面漏流或对测量结果的影响。

4. 测量

摇动发电机使转速达到额定转速(120r/min)并保持稳定,读数以指针稳定不变时为准。

5. 拆线

在摇表没停止转动和被测物没有放电以前,禁止用手触及被测物,不能进行拆线工作,必须先将被测物对地短路放电,然后再停止摇表转动,防止电容放电损坏摇表。

6. 测量绝缘电阻

测量电动机的绝缘电阻时,"E"端接电动机的外壳,"L"端接电动机的绕组;测量电力线路或照明线路的绝缘电阻时,"L"端接被测线路上,"E"端接地线;测量电缆的绝缘电阻时,为使测量结果精确,消除线芯绝缘层表面漏电所引起的测量误差,还应将"G"端接到电缆的绝缘纸上。

三、摇表使用注意事项

使用摇表时应注意以下事项:

(1)测量电气设备的绝缘电阻时,必须先切断电源;遇到有电容性质的设备,必须先进行线路放电。

(2)禁止在雷电天气或高压设备附近测绝缘电阻,只能在设备不带电,也没有感应电的情况下测量。

(3)使用摇表时,必须平稳放置;在摇测过程中,被测设备不能有人工作。

(4)摇表引线必须绝缘良好,两根线不要绞在一起。

(5)摇表未停止转动之前或被测设备未放电之前,严禁人身体触及。拆线时,也不要触及引线的金属部分。

(6)测量结束时,要对大电容设备进行放电。

(7)要定期校验摇表的准确度。

考核与评价

一、通用能力考核(20%)

评价内容	评分				得分	总分
	非常好	较好	一般	较差		
工作态度	27~30	22~26	16~21	<16		
团队合作	27~30	22~26	16~21	<16		
沟通表达	18~20	14~17	10~13	<10		
服从指挥	18~20	14~17	10~13	<10		

二、过程性考核(80%)

序号	考核内容	考核要点	评分标准	配分(分)	扣分(分)	得分(分)
1	选择摇表	按照电气设备的电压等级正确选择摇表(10分)	未按照电气设备的电压等级选择摇表(扣10分)	10		
2	仪表检验	(1)按要求进行开路测试(10分); (2)按要求进行短路测试(10分)	(1)未进行开路测试(扣10分); (2)未进行短路测试(扣10分)	20		
3	仪表接线	正确接线(10分)	接线错误(扣10分)	10		
4	使用注意事项	(1)测试前将被测设备表面擦拭干净(5分); (2)测量时,摇表放置平稳(5分); (3)摇动摇表时,禁止身体触及被测设备或摇表接线柱(5分); (4)禁止测试线交叉(5分); (5)停止测试后再取下测试线(10分); (6)准确判断被测设备是否合格或标准(10分)	(1)测试前未将被测设备表面擦拭干净(扣5分); (2)测量时,摇表未放置平稳(扣5分); (3)摇动摇表时,身体触及被测设备或摇表接线柱(扣5分); (4)测试线交叉(扣5分); (5)先取测试线后停止测试(扣10分); (6)未准确判断被测设备是否合格或标准(扣10分)	40		
5	使用结束	(1)正确记录测试结果(10分); (2)将实验台面收拾整洁(10分)	(1)未正确记录测试结果(扣10分); (2)未将实验台面收拾整洁(扣10分)	20		
		总分		100		

知识拓展　城市轨道交通电磁兼容与屏蔽技术

一、电磁兼容

电磁兼容是指电气设备、电子设备或系统在电磁环境中能正常工作且不对任何事物产生无法承受的电磁骚扰的能力,即电气设备、电子设备或系统在共同的电磁环境中能完成并实现各自功能的一种共存状态,在同一电磁环境中的上述各种设备都能正常工作又互不干扰,达到"兼容"的一种状态。

电磁兼容包括电磁干扰和电磁抗干扰两个方面。

(一)电磁干扰

电磁干扰是指每个电气装置及系统对外产生的电磁能量,任何能中断、阻碍、降低或限制电气设备有效性能的电磁能量,它能引起设备、传输通道或系统性能的下降,但不一定造成其他设备损坏。

1. 电磁干扰的分类

电磁干扰有许多种分类的方法,如按传播途径分类,电磁干扰可分为传导干扰和辐射干扰,其中传导干扰按传输性质又分为电耦合、磁耦合及电磁耦合;按辐射干扰的传输性质分类,电磁干扰可分为近场感应耦合和远场辐射耦合;按频带分类,电磁干扰可分为窄带干扰和宽带干扰;按人的主观意识分类,电磁干扰可分为有意干扰源和无意干扰源;按干扰源性质分类,电磁干扰可分为自然干扰和人为干扰;等等。

2. 电磁干扰的三要素

电磁干扰包括电磁干扰源、耦合途径(又称传输通道)及敏感设备三个基本要素。为了系统能正常工作,对所有电磁干扰问题都应从这三个基本要素上来逐一解决。

(1)电磁干扰源

电磁干扰源是能对别的系统产生电磁干扰的敏感元件、器件、设备、系统或自然现象。

(2)耦合途径(传输通道)

耦合途径是将电磁干扰能量传输到受干扰设备的通道或媒介,包括电磁干扰空间传播路径和导体传播路径。

(3)敏感设备

敏感设备是指受到电磁干扰影响(对电磁干扰产生响应)的设备。

(二)电磁抗干扰

电磁抗干扰(EMS),是指在一定环境中机器设备和系统具有对所在环境中存在的电磁干扰有一定程度的抗扰度的能力,即电磁敏感性。EMS包括静电抗干扰、射频抗扰度、电快速瞬变脉冲群抗扰度、浪涌抗扰度、电压暂降抗扰度等。

二、电磁屏蔽

电磁屏蔽就是对两个空间区域之间进行金属的隔离,以控制电场、磁场和电磁波由一个区域向另一个区域的感应与辐射。电磁屏蔽的最终目的是利用屏蔽体阻止或衰减电磁干扰能量的传输。

(一) 分类

电磁屏蔽可分为主动电磁屏蔽与被动电磁屏蔽两种。主动电磁屏蔽是干扰源用屏蔽体将元部件、电路、组合件、电缆或整个系统包围起来,防止干扰电磁场向外扩散;被动电磁屏蔽是用屏蔽体将接收电路、设备或系统包围起来,防止它们受到外界电磁场的影响。电磁屏蔽不仅对辐射干扰有良好的抑制效果,而且对静电干扰和干扰的电容性耦合、电感性耦合均有明显的抑制作用,因此电磁屏蔽是抑制电磁干扰的重要技术。

(二) 技术

常用的电磁屏蔽技术有静电屏蔽、交变电场屏蔽、交变磁场屏蔽和交变电磁场屏蔽。

1. 静电屏蔽

用完整的金属屏蔽体将带正电导体包围起来,在屏蔽体的内侧将感应出与带电导体等量的负电荷,外侧出现与带电导体等量的正电荷,如果将金属屏蔽体接地,则外侧的正电荷将流入大地,外侧将不会有电场存在,即带正电导体的电场被屏蔽在金属屏蔽体内。

2. 交变电场屏蔽

为降低交变电场对敏感电路的耦合干扰电压,可以在干扰源和敏感电路之间设置导电性好的金属屏蔽体,并将金属屏蔽体接地。交变电场对敏感电路的耦合干扰电压大小取决于交变电场电压、耦合电容和金属屏蔽体接地电阻。只要设法使金属屏蔽体良好接地,就能使交变电场对敏感电路的耦合干扰电压变得很小。

3. 交变磁场屏蔽

交变磁场屏蔽有高频磁场屏蔽和低频磁场屏蔽之分。高频磁场屏蔽是利用高电导率材料产生反方向的涡流磁场来抵消干扰磁场而实现的。低频磁场屏蔽是利用高磁导率的材料构成低磁阻通路,使大部分磁场被集中在屏蔽体内。屏蔽体的磁导率越高,厚度越大,磁阻越小,磁场屏蔽的效果越好。当然其要与设备的重量相协调。

4. 交变电磁场屏蔽

一般采用电导率高的材料作屏蔽体,并将屏蔽体接地。它是利用屏蔽体在高频磁场的作用下产生反方向的涡流磁场与原磁场抵消而削弱高频磁场的干扰,又因屏蔽体接地而实现电场屏蔽。屏蔽体的厚度不必过大,而以趋肤深度和结构强度为主要考虑因素。

(三) 方法

在使用电磁屏蔽技术时,为达到良好的屏蔽效果,应根据干扰源的实际情况分别采取不同的方法,具体如下:

(1) 当干扰源产生的干扰是以电压方式出现时,应采取电场屏蔽的方法。要求屏蔽壳体良好接地,接地电阻应小于 2Ω。

(2) 当干扰源产生的干扰是以电流形式出现时,应采取磁场屏蔽的方法。

(3) 当干扰源的频率低于 100kHz 时,采用高磁导率的铁磁材料来做屏蔽壳体,屏蔽壳体尽可能地厚一些,应注意不能在磁通垂直方向开口。

(4) 当干扰源的频率高于 100kHz 时,应采用良导体的材料来做屏蔽壳体,壳体的厚度只考虑满足机械强度的要求,通常 0.2~0.8mm 即可。

(5) 当抑制外界对同轴电缆线的干扰时,应采取屏蔽层一端接地、另一端悬空的连接方法。

(6) 当同轴电缆中心导线是干扰源时,应采取屏蔽层一端接地、另一端串联一个电阻的方法。这时无论是高频还是低频,对磁场屏蔽都能收到良好的效果。

三、城市轨道交通系统电磁兼容与电磁屏蔽

城市轨道交通系统处在复杂的电磁环境中,其中的电磁兼容主要是针对信号系统、轨道电路以及车辆和车辆内的各子系统,要避免这些电子电气装置相互干扰、相互影响,一般采用控制干扰源和保护敏感部件两种方法。

(一) 控制干扰源

控制干扰源是指减少这些电子电气系统对外产生的干扰,避免其影响其他子系统的正常运行以及人员的人身安全。

城市轨道交通系统的电磁干扰源主要有列车牵引系统,供电系统中的整流、逆变模块,车内的电子装置以及自然界的雷电和乘客所携带的电子设备。牵引系统是车辆中的最大干扰源,大功率的绝缘栅双极晶体管(Insulate-Gate Bipolar Transistor,IGBT)使电流波形发生非线性的畸变,从而产生高频的电磁干扰。由于牵引系统功率大、电流大,使得其产生的磁场辐射和谐波电流很有可能造成车内其他电子装置和轨道信号电路的工作异常。

(二) 保护敏感部件

保护敏感部件则是增强这些电子电气系统本身的电磁耐受力,使其不受到外界和其他电子装置的影响。轨道系统中的保护敏感部件主要有轨道信号系统、通信系统以及列车自动控制系统等。一方面这些信号、通信装置比较容易受到自然界雷电的干扰,另一方面一旦车辆上其他电子装置产生的电磁干扰频率与这些信号、通信装置的工作频率相邻近,也将使信号、通信装置无法正常工作。另外,车下的速度传感器、制动传感器等模拟量装置也容易受到耦合传导干扰致使数据出错,从而导致运行故障。

城市轨道交通系统的每个子系统既是干扰源也是敏感部件,因此处理好城市轨道交通系统的有关电磁兼容问题,可使各种电气设备与系统能够互不干扰、互不影响,既是保证城市轨道交通系统安全可靠运行的前提条件,又是保证人身安全的重要措施。

职业准备

感悟生命　　在玉米地的中央

课后巩固

一、填空题

1. 常见的人体触电类型有＿＿＿＿、＿＿＿＿、＿＿＿＿和接触电压触电四种。

2. ＿＿＿＿是指将电力系统的中性点直接接入大地,或经消弧线圈、电阻等与大地金属连接。＿＿＿＿是为防止电气设备的金属外壳、配电装置的构架和线路杆塔等带电危及人身和设备安全而进行的接地。＿＿＿＿是在中性点直接接地的系统中,在零线的一处或多处用金属导线连接接地装置。

3. ＿＿＿＿指人站在地面或接地体上,人体触及供电系统中的一相带电体。＿＿＿＿指人体的不同部位同时接触供电系统两相导线或带电体,电流由一相通过体流入另一相导体构成回路而造成的触电。

4. 城市轨道交通车站综合接地系统主要由＿＿＿＿、＿＿＿＿、＿＿＿＿和接地电缆等组成。

5. 在 TN、TT、IT 系统中,第一个字母表示＿＿＿＿,第二个字母表示＿＿＿＿,IT 系统是指＿＿＿＿＿＿＿＿＿＿＿＿的系统。

二、简答题

1. 简述 TN-C 系统的特点。
2. 简述识读电气工程图的一般步骤。
3. 简述如何使用摇表检测导线的绝缘情况。
4. 使用万用表时有哪些注意事项?
5. 什么是等电位联结?
6. 等电位联结的作用有哪些?

模块 2

车站低压配电与照明系统常用低压电器与设备

学习引导

低压电器是一种能根据外界的信号和要求,手动或自动地接通、断开电路,以实现对电路或非用电对象的切换、控制、保护、检测、变换和调节。低压电器的种类很多,按照用途可分为低压配电电器和低压控制电器。城市轨道交通车站的电梯、通风空调、照明、消防水泵等设备的控制、保护和调节都要依靠低压电器和设备来完成,低压电器和设备在车站低压配电与照明系统中无处不在。

学习导航

学习目标

知识目标

1. 了解车站低压配电与照明系统常用低压电器的种类。
2. 掌握车站低压配电与照明系统常用低压电器的结构和工作原理。
3. 掌握变压器和电动机等设备的结构和工作原理。

能力目标

1. 掌握车站低压配电与照明系统常用低压电器和设备常见故障与处理方法。
2. 掌握变压器和电动机常见故障与处理方法。

素质目标

培养职业生涯规划意识与能力、动手实践与创新能力,形成健全人格和良好的思想道德品质,树立正确的职业观、劳动观和人生观,促进全面发展和健康成长。

知识单元 2-1　低压配电电器

一、刀开关

(一)刀开关的结构和分类

刀开关又称胶盖闸刀开关,是低压配电电器中最简单而使用又较广泛的一种电器。刀开关在电路中起到隔离电源、接通和断开负载的作用。刀开关通过动触头(触刀)与底座上的静触头相契合或分离以接通或分断电源,广泛用于照明电路和小容量动力设备不频繁启动的电路。刀开关的文字符号和图形符号如图 2-1 所示。

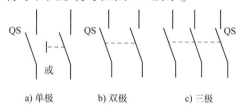

图 2-1　刀开关的符号

常见的刀开关有开启式负荷开关和封闭式负荷开关。

开启式负荷开关俗称胶盖瓷底刀开关,其结构如图 2-2 所示。开启式负荷开关主要用于电气照明电路、电热电路、小容量电动机不频繁启动电路,也可用作分支电路的配电开关。

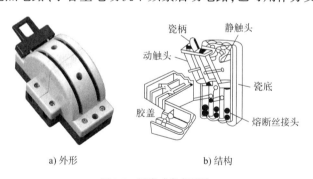

图 2-2　开启式负荷开关

封闭式负荷开关(图 2-3)又称为铁壳开关,一般用于电力排灌、电热器、电气照明线路的配电设备中,用来不频繁地接通与分断电路,也可以直接用于异步电动机的非频繁全压启动控制。

(二)刀开关的主要技术参数

1. 额定电压

额定电压是指在规定条件下,刀开关在长期工作中能承受的最高电压。若加在开关两端的电压大于此值,会使两个触头之间产生电火花。

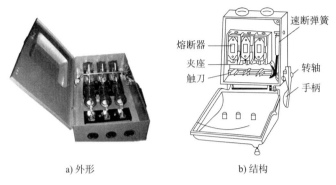

a) 外形　　　　b) 结构

图 2-3　封闭式负荷开关

2. 额定电流

额定电流是指在规定条件下,刀开关接通时允许长期通过的最大安全电流,当超过此值时,刀开关的触头会因电流过大而烧毁。

3. 绝缘电阻

绝缘电阻是指刀开关的导体部分与绝缘部分的电阻值。绝缘电阻值应在 100MΩ 以上。

4. 接触电阻

接触电阻是指刀开关在接通状态下,每对触头之间的电阻值,一般要求在 0.1~0.5Ω 以下,接触电阻越小越好。

5. 通断能力

通断能力是指在规定条件下,刀开关在额定电压下能可靠接通和分断的最大电流值。

6. 电动稳定性电流

电动稳定性电流(简称动稳定电流)是指当发生短路故障时,如果刀开关能通过某一最大短路电流而不发生变形、损坏或者触刀自动弹出等现象,则这一短路电流就是刀开关的电动稳定性电流。通常刀开关的电动稳定性电流为其额定电流的数十倍到数百倍。

7. 热稳定电流

热稳定电流又称额定短时耐受电流,当发生短路事故时,如果刀开关能在一定时间(通常为1s)内通过某一最大短路电流而不发生熔焊现象,则这一短路电流就称为刀开关的热稳定电流。通常刀开关的热稳定电流也为其额定电流的数十倍。

8. 机械寿命

机械寿命是指刀开关在需要修理或更换机械零件前所能承受的无载操作次数。

9. 电寿命

电寿命是指在规定的条件下,不需修理或更换零件的工况下,刀开关带负载操作次数。

(三) 刀开关的安装和使用

刀开关应垂直安装在开关板上,并要使静触头位于上方。若静触头位于开关板的下方,则当刀开关的触刀拉开时,如果铰链支座松动,触刀等运动部件可能会在自重作用下掉落,同静触头接触,发生误动作而造成严重事故。

刀开关的使用时应注意以下事项:

(1)刀开关作电源隔离开关使用时,合闸时应先合上刀开关,再合上其他控制负载的开关电器。分闸时则顺序相反,即先使控制负载的开关分闸,然后再分断刀开关。

(2)严格按照规定的分断能力来分断负载,无灭弧罩的刀开关一般不允许分断负载,否则有可能导致稳定持续燃弧,使刀开关寿命缩短,严重的还会造成电源短路、开关被烧毁,甚至发生火灾。

(3)对于多极刀开关,不仅应保证各极动作的同步性,而且应接触良好。否则,当负载是三相异步电动机时,有可能发生因缺相运转而致电动机烧坏的事故。

(4)如果刀开关未安装在封闭的控制箱内,则应经常检查,防止因积尘过多而发生相间闪络现象。

(5)对刀开关进行定期检修时,应清除底板上的灰尘,以保证良好的绝缘;检查触刀的接触情况,如果触头磨损严重或被电弧过度烧损,应及时更换;发现触刀转动铰链过松时应及时紧固。

(6)加强刀开关的日常检查。检查项目包括:负荷电流是否超过刀开关的额定电流;刀开关动、静触头的连接是否可靠;操作机构是否完好,动作是否灵活,断开、合闸时是否能准确到位;刀开关的进出线端子在开关连接处是否牢固,有无接触不良、过热变形等现象。

(四)刀开关常见故障与处理方法

刀开关常见故障与处理方法见表2-1。

刀开关常见故障与处理方法 表2-1

故障现象	故障原因	处理方法
开关触头过热,甚至熔焊	(1)开关容量太小或负载太大	减少负载或更换更大容量开关
	(2)触头表面产生氧化层	去除氧化层
	(3)动静触头插入深度不够	调整动静触头插入深度
	(4)静触头压紧力不足	调整静触头压紧力
	(5)分合闸时动作太慢,电弧过大	规范操作方法
开关与导线接触部位过热	(1)导线连接螺钉松动或弹簧垫圈失效	紧固连接螺钉松动,调整弹簧垫圈
	(2)接线端子氧化或锈蚀	去除氧化层,采用铜铝过渡接线端子,导线连接部位涂敷导电膏
合闸后一相或两相没电	(1)静触头弹性消失或开口过大	更换静触头
	(2)熔体熔断或接触不良	更换或紧固熔体
	(3)触头氧化或有污垢	清洁触头
	(4)电源进线或出线头氧化	检查进出线
封闭式开关操作手柄带电	(1)外壳接地线接触不良	检查接地线
	(2)电源进线绝缘损坏碰壳	恢复绝缘

二、组合开关

(一)组合开关的结构

组合开关又称转换开关,是一种多触头、多位置、可控制多个回路的开关电器。组合开关具有结构紧凑、体积小等特点。在电气控制线路中,组合开关常被作为电源引入的开关,可以用于直接启动或停止小功率电动机或控制电动机正反转,也可以用来控制局部照明电路。常用的组合开关有单极、双极、三极、四极等。

组合开关由动触头(动触片)、静触头(静触片)、转轴、手柄、定位机构及外壳等部分组成,如图2-4所示。其动、静触头分别叠装于数层绝缘壳内。

组合开关的文字符号和图形符号如图2-5所示。

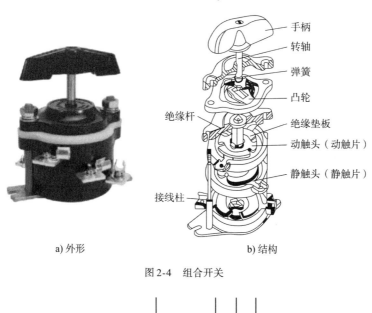

图2-4 组合开关

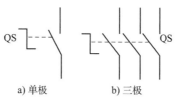

图2-5 组合开关符号

倒顺开关是一种特殊的组合开关,又称为可逆转开关,其结构与组合开关类似,其外形和符号如图2-6所示。倒顺开关专门用来控制小容量三相异步电动机的正转和反转。倒顺开关有"倒""停""顺"3个位置。当开关处于"停"位置时,动触头与静触头均处于断开状态;当开关由"停"位置旋转至"顺"位置时,动触头U、V、W分别与静触头L_1、L_2、L_3接触;当开关由"停"位置旋转至"倒"位置时,动触头U、V、W分别与静触头L_3、L_2、L_1接触。

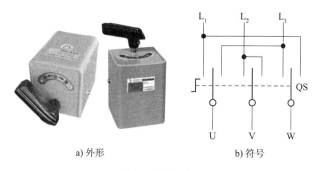

a) 外形　　　　　　　b) 符号

图 2-6　倒顺开关

(二) 组合关的主要技术参数

1. 额定电压

额定电压是指在规定条件下,组合开关在长期工作中能承受的最高电压。

2. 额定电流

额定电流是指在规定条件下,组合开关在合闸位置允许长期通过的最大工作电流。

3. 通断能力

通断能力是指在规定条件下,组合开关在额定电压下能可靠接通和分断的最大电流值。通断能力包括极限接通电流和极限分断电流。

4. 机械寿命

机械寿命是指在需要修理或更换机械零件前组合开关所能承受的无载操作次数。

5. 电寿命

电寿命是指在规定的正常工作条件下,不需要修理或更换零件情况下,组合开关带负载操作的次数。

(三) 组合开关的安装和使用

(1) 应根据电源种类、电压等级、额定电流和所需触头选择组合开关型号;根据电气控制线路的实际需要,确定组合开关接线方式。

(2) 组合开关应安装在控制箱内,手柄伸出箱前面或侧面。若在控制箱内操作,开关应装在箱内右上方。若开关为断开状态时,手柄在水平位置,倒顺开关的接地螺钉应可靠接地。

(3) 组合开关不能带负载接通或分断电源,不能用来分断故障电流。

(4) 组合开关用作隔离开关时,其额定电流应低于被隔离电路中各负载电流的总和;组合开关用于控制电动机时,其额定电流应为电动机额定电流的 1.5~2.5 倍。

(5) 当操作频率过高或负载功率因数过低时,应降低组合开关的容量。

(四) 组合开关常见故障与处理方法

组合开关常见故障与处理方法见表 2-2。

组合开关常见故障与处理方法　　　　　表2-2

故障现象	故障原因	处理方法
转动手柄时多对触头不能同时接通或断开	(1)开关型号不对	更换符合操作要求的开关
	(2)触头装配不正确	打开开关,重新装配触头
	(3)触头失去弹性或有污垢	更换触头或清除污垢
手柄转动后,内部触头未动	(1)手柄上的转动连接部件磨损	更换新的手柄
	(2)绝缘杆变形	更换绝缘杆
	(3)手柄或轴与绝缘杆装配松动	紧固松动部件
	(4)操作机构损坏	修理或更换操作机构
动、静触头被烧蚀	(1)负荷过大	选用容量大的开关或减轻负荷
	(2)动、静触头接触不良	可用细砂布修磨触头,然后调整动、静触头使接触良好;若触头无法修复,更换触头
	(3)负荷短路且负荷无保护	排除短路故障;负荷电路装设保护设备
连接点打火或烧蚀	(1)接线螺钉松动	处理接点,拧紧螺钉
	(2)操作过于频繁	降低操作频率,加强维护
内部短路、烧毁	(1)严重受潮、被水淋或使用环境中有导电介质	改善使用环境
	(2)绝缘垫板严重磨损,失去绝缘能力	更换绝缘垫板或整个开关
	(3)内部元件损坏,导电触头相互碰连	更换内部件或更换整个开关
	(4)负荷短路且负荷无保护	排除短路故障;负荷电路装设保护设备
接线柱间短路	(1)接线柱接线线头过长导致短路	重新接线
	(2)接线柱间有铁屑或油污附着导致绝缘损坏	清扫或更换开关

三、低压断路器

(一)低压断路器的结构

低压断路器(图2-7)又称自动空气开关或自动空气断路器,简称断路器,它既有手动开关的功能,又能自动进行失压、欠压、过载和短路保护,其功能相当于刀开关、熔断器、电流继电器、电压继电器、热继电器的组合。低压断路器可用来分配电能,对电源线路及负荷实行保护,并且在分断故障电流后一般不需要变更零部件。

低压断路器主要由操作机构、触头、保护装置(各种脱扣器)、灭弧系统等组成。其结构和符号如图2-8所示。触头靠操作机构手动或电动接通,当电路正常运行时,由自由脱扣机构将触头锁在合闸位置上。如果电路发生过载、欠压等故障,自由脱扣机构在有关脱扣器的推动下动作,使锁扣脱扣,于是触头在弹簧作用下迅速分断。

图 2-7　低压断路器

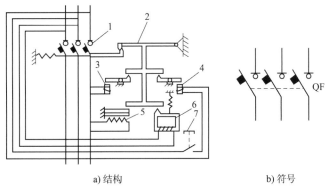

a) 结构　　　　　　b) 符号

图 2-8　低压断路器结构和符号
1-触头；2-自由脱扣器；3-过电流脱扣器；4-分励脱扣器；
5-热脱扣器；6-失压脱扣器；7-按钮

低压断路器的检测

(二) 低压断路器的主要技术参数

1. 额定工作电压

额定工作电压是指断路器的标称电压,在规定的正常使用和性能条件下,能够连续运行的电压。

2. 额定电流

额定电流是指在环境温度为40℃以下,脱扣器能长期通过的电流。对带可调式脱扣器的断路器来说,额定电流是指脱扣器可长期通过的最大电流。

3. 过载脱扣器电流整定值

脱扣器电流整定值是指断路器不跳闸时所能承受的最大电流。电流若超过脱扣器电流整定值断路器延时跳闸。

4. 额定短时间耐受电流

额定短时间耐受电流指在约定的时间内允许通过的电流值。该电流值在约定的时间内通过导体,不会因过热而引起导体的损坏。

5. 分断能力

断路器的分断能力是指该断路器安全切断故障电流的能力,分断能力与额定电流无必然联系。

(三)低压断路器的安装和使用

选用低压断路器时,低压断路器的额定电流、额定电压应大于或等于线路设备的正常工作电压和工作电流,低压断路器的极限通断能力应大于或等于电路最大短路电流,欠电压脱扣器的额定电压应等于线路的额定电压,过电流脱扣器的额定电流大于或等于线路的最大负载电流。低压断路器在安装和使用时,应注意以下事项:

(1)当低压断路器用作总开关使用时,必须在电源侧加装隔离开关、刀开关或熔断器作为明显的断开点。

(2)安装前应将脱扣器电磁铁工作面的防锈油脂擦拭干净,以免影响电磁机构的动作值。

(3)安装时低压断路器的上接线端为进线端,下接线端为出线端,不允许倒装。

(4)电磁脱扣器的整定值一经调好后就不允许随意变动,长期使用后要检查其弹簧是否生锈卡住,以免影响其动作。

(5)低压断路器在过载或短路动作后,应在切除上级电源的情况下先排除故障,检查触头,再进行通电操作。

(6)长期使用后应清除触头表面的毛刺和金属颗粒,以保持良好的电接触。

(7)应定期检查脱扣器的动作值,定期给操作机构转动部分加注润滑油。

(8)应定期清除灭弧室内壁和栅片上的金属颗粒和黑烟灰,以保持良好的灭弧效果。

(9)应定期清除低压断路器上的积尘,保持良好的绝缘。

(四)低压断路器常见故障与处理方法

低压断路器常见故障与处理方法见表2-3。

低压断路器常见故障与处理方法　　　　表2-3

故障现象	故障原因	处理方法
手动操作断路器不能闭合	(1)欠压脱扣器无电压或线圈损坏	检查线路,施加电压或更换线圈
	(2)储能弹簧变形,导致闭合力减小	更换储能弹簧
	(3)反作用弹簧力过大	重新调整弹簧反力
	(4)脱扣机构不能复位再扣	调整再扣接触面至规定值
电动操作断路器不能闭合	(1)电源电压不符	调整电源电压
	(2)电源容量小	增大电源容量
	(3)电磁铁拉杆行程不够	重新调整或更换拉杆
	(4)电动机操作定位开关变位	重新调整电动机操作定位开关
	(5)控制器中整流管或电容器损坏	更换损坏元器件
	(6)智能控制器没有复位	按智能控制器的复位按钮
有部分触头不能闭合	(1)与之对应的连杆断裂	更换连杆
	(2)限流断路器拆开机构的可折连杆之间的角度变大	调整至原技术条件规定值

续上表

故障现象	故障原因	处理方法
分励脱扣器不能使断路器分断	(1)线圈短路	更换线圈
	(2)电源电压过低	调整电源电压
	(3)脱扣机构再扣接触面过大	重新调整
	(4)螺钉松动	拧紧松动螺钉
欠电压脱扣器不能使断路器立即分断	(1)弹簧反力变小	调整弹簧反力
	(2)储能弹簧变小或断裂	调整或更换储能弹簧
	(3)脱扣机构卡死	查找原因,消除卡死
启动负荷时断路器立即分断	(1)过电流脱扣器瞬时整定电流值过小	调整瞬时整定电流值
	(2)脱扣器某些零件损坏	更换脱扣器或损坏的零部件
	(3)脱扣器反力弹簧断裂或落下	更换反力弹簧或重新装上
断路器闭合后过一段时间自行分断	(1)过电流脱扣器长延时整定电流值不对	重新调整长延时整定电流值
	(2)热元件或半导体延时电路元器件变化	更换断路器
断路器温升过高	(1)触头压力过低,合闸后不能保持良好接触而导致发热	调整触头压力或更换弹簧
	(2)触头表面过分磨损或接触不良	更换触头或清理接触面
	(3)两个导电零件的连接螺钉松动	拧紧连接螺钉
	(4)触头表面脏污或有氧化膜	清除油污或氧化层
欠电压脱扣器噪声大	(1)反力弹簧反力过大	调整欠压脱扣器的弹簧拉力
	(2)铁芯工作面有油污和积尘	清除铁芯工作表面的油污和积尘
	(3)短路环断裂	更换衔铁或铁芯
触头失灵	(1)动触头桥卡死或脱落	重新装好动触桥
	(2)传动机构断裂,滚轮脱落	更换传动机构和滚轮
带半导体过流脱扣器的断路器误动作	(1)半导体元件损坏	更换损坏的半导体元件
	(2)脱扣器整定值不稳定	换成带温度补偿的稳压管
	(3)外界电磁干扰	进行隔离,免受电磁干扰

四、熔断器

(一)熔断器的结构和分类

熔断器利用金属导体作为熔体串联在被保护电路中,当电路正常工作时,熔断器允许通过一定的电流其熔体不熔化;当严重过载或短路时,熔体中通过较大的故障电流,电流产生的热量到达熔体的熔点时,熔体熔化,自动切断电路,从而达到保护目的。熔断器结构简单,使用方便,广泛应用于低压配电系统和控制系统及用电设备中,在电力系统、各种电工设备和家用电器中作为保护器件。

熔断器主要由熔体和安装熔体的熔管或熔座组成。熔体由熔点较低的材料(如铅、锌、锡及铅锡合金)做成丝状或片状。熔管是熔体的保护外壳,由陶瓷、玻璃纤维等耐热绝缘材料制成,在熔体熔断时兼起灭弧作用。

熔断器分为快速熔断器和自恢复熔断器两种。常用的熔断器有瓷插式熔断器、螺旋式熔断器和封闭式熔断器,结构如图 2-9 所示。其中,封闭式熔断器包括无填料封闭式熔断器和有填料封闭式熔断器。

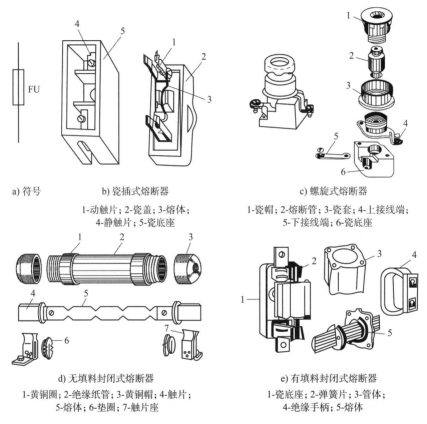

a) 符号　　　b) 瓷插式熔断器　　　c) 螺旋式熔断器
1-动触片;2-瓷盖;3-熔体;
4-静触片;5-瓷底座
1-瓷帽;2-熔断管;3-瓷套;4-上接线端;
5-下接线端;6-瓷底座

d) 无填料封闭式熔断器　　　e) 有填料封闭式熔断器
1-黄铜圈;2-绝缘纸管;3-黄铜帽;4-触片;
5-熔体;6-垫圈;7-触片座
1-瓷底座;2-弹簧片;3-管体;
4-绝缘手柄;5-熔体

图 2-9　熔断器结构和符号

通过熔断器熔体的电流为熔体的额定电流时,熔体不会熔断;当电路发生严重过载时,熔体在较短时间内熔断;当电路发生短路时,熔体能在瞬间熔断。熔体的这个特性称为反时限保护特性。过载电流或短路电流越大,熔体熔断时间越短。

(二)熔断器的技术参数

1. 熔断器额定电压

熔断器额定电压是指熔断器长期工作和分断后能够耐受的电压。

2. 熔断器额定电流

熔断器额定电流是指熔断器能长期通过的电流,取决于熔断器各部分长期工作时的容许温升。

3. 熔断器熔体额定电流

熔断器熔体额定电流是指熔断器熔体能长期通过而不会熔断的电流。

4. 极限分断能力

极限分断能力是指熔断器在故障条件下能可靠地分断最大短路电流。

(三) 熔断器熔体电流的确定

选用熔断器时,熔断器熔体额定电流主要根据负载的容量和性质来确定,不同的负载,熔断器熔体额定电流的选用原则也不一样。

(1) 对于照明电路、家用电器等负载,熔断器熔体的额定电流应略大于或等于负载电流。

(2) 对于输配电线路,熔断器熔体的额定电流应略小于或等于线路的安全电流。

(3) 对于直接启动的单台电动机负载,熔断器熔体的额定电流一般按照电动机额定电流的 1.5～2.5 倍来选择。

(4) 对于多台电动机负载的短路保护,熔断器熔体的额定电流一般按照最大电动机额定电流的 1.5～2.5 倍再加上其他所有电动机的额定电流来选择。

(5) 对于配电变压器,低压侧熔体额定电流为变压器低压侧额定电流的 1～1.5 倍,高压侧熔体额定电流为变压器高压侧额定电流的 2～3 倍。

(四) 熔断器的安装和使用

熔断器安装和使用时应注意如下事项:

(1) 安装前,应检查熔断器的额定电压、额定电流及极限分断能力是否与被保护对象的负载特性参数相适应。

(2) 安装时,熔断器之间应保证足够的间距,以便于维护或更换熔体。

(3) 安装时,应注意熔断器周围介质的温度与负载周围介质的温度尽可能一致,以免保护特性产生误差。

(4) 熔断器必须安装可靠,保证熔体和触片及触片座接触良好,同时注意不使熔体受到机械损伤。

(5) 瓷插式熔断器安装熔体时,应顺着螺钉旋紧方向绕过去,同时应注意不要划伤熔体。

(6) 安装螺旋式熔断器时,必须将电源侧线接瓷底座的下接线端、负载侧线接上接线端。

(7) 更换熔体时,注意更换的新熔体的规格应与原来的一致,不允许随意加大熔体或用其他导体代替熔体。

(8) 更换熔体或熔管必须先切断电源,在不带电的情况下进行。

(9) 及时清除熔断器上的灰尘,对于有动作指示器的熔断器,还应该经常检查,发现熔断器已动作及时更换。

(五) 熔断器常见故障与处理方法

熔断器常见故障与处理方法见表 2-4。

熔断器常见故障与处理方法　　　　　　　　　　　表2-4

故障现象	故障原因	处理方法
电路接通瞬间，熔体熔断	(1)熔体额定电流选择过小	更换额定电流相当的熔体
	(2)负载侧短路或接地	排除负载故障，更换熔体
	(3)熔体安装时受损	更换熔体
熔体未熔断，但电路不通	(1)熔体与触片接触不良	重新安装熔体
	(2)熔断器接线端接触不良	重新接线
熔断器温升过高	(1)接触面氧化或灰尘厚导致接触不良	清除触面氧化层或灰尘
	(2)熔体安装不牢固	调整熔体使安装牢固

知识单元2-2　低压控制电器

一、接触器

(一)接触器的分类和结构

接触器是一种适用于频繁接通和分断交直流电路的自动化电器，具有控制容量大、可远距离操作、体积小、价格低和维护方便等特点，广泛应用于自动控制电路。接触器不仅能接通和断开电路，还具有失压和欠压释放保护作用。接触器的主要控制对象是电动机，也可用于控制其他电力负载，如电热器、照明、电焊机、电容器组等。

接触器的分类方法比较多。按操作方式分类，接触器可分为电磁式接触器、气动式接触器和液压式接触器；按主触头控制回路的电流形式分类，接触器可分为直流接触器和交流接触器；按灭弧介质分类，接触器可分为空气式接触器、油浸式接触器和真空接触器；按有无触头分类，接触器可分为触头式接触器和无触头式接触器；按主触头的极数分类，接触器可分为单极、双极、三极、四极和五极等。目前应用最为广泛的接触器是空气式接触器。空气式接触器又分为空气电磁式交流接触器和空气电磁式直流接触器。

电磁接触器主要由电磁机构、触头系统、灭弧装置及其他部分组成。接触器外形、结构和符号如图2-10所示。

1. 电磁机构

电磁机构是电磁式接触器的重要组成部分之一，它主要包括衔铁(动铁芯)、铁芯(静铁芯)、电磁线圈、气隙等。电磁机构通过衔铁与相应的机械机构将电磁线圈产生的电磁能转换为机械运动带动触头闭合或断开。

2. 触头系统

触头是接触器的执行部分，一般采用双断点桥式结构。按原始状态划分，触头可分为常开触头和常闭触头。触头系统包括主触头和辅助触头。主触头的作用是接通和分断主回路,控制较大的电流,而辅助触头则是在控制回路中,用以满足各种控制方式的要求。

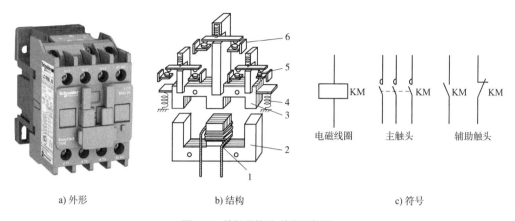

a) 外形　　b) 结构　　c) 符号

图 2-10　接触器外形、结构和符号
1-电磁线圈;2-铁芯;3-衔铁;4-复位弹簧;5-辅助触头;6-主触头

3. 灭弧装置

灭弧装置用来保证触头断开电路时可靠地熄灭电弧,减少电弧对触头的损伤。为了迅速熄灭电弧,通常接触器都装有灭弧装置。常用的灭弧装置有灭弧罩、灭弧栅、磁吹灭弧装置、电动力灭弧装置。其中,灭弧罩是一种简单的灭弧装置,让电弧与固体介质相接触,降低电弧温度,从而加速电弧熄灭。对于大容量的接触器一般采用缝隙灭弧罩及灭弧栅片熄灭电弧;对于小容量的接触器,则采用双断口触头灭弧、电动力灭弧及陶土灭弧罩灭弧。

4. 其他部件

接触器的其他部分还包括绝缘外壳、弹簧、短路环、传动机构等。

接触器的工作原理:当电磁线圈通电后产生较强的磁场,使静铁芯产生电磁吸力,克服弹簧的反作用力吸引衔铁,并带动触头动作,使常闭触头断开、常开触头闭合。当电磁线圈断电,电磁吸力消失,衔铁在释放弹簧的作用下释放,使触头复位,即常闭触头闭合;常开触头断开。

(二) 接触器的技术参数

接触器的主要技术参数包括额定工作电压、额定工作电流、电磁线圈的额定电压、电磁线圈的吸合电压与释放电压、约定发热电流、接通与分断能力、机械寿命与电气寿命、额定操作频率等。

1. 额定工作电压

接触器的额定工作电压是指其主触头的额定工作电压,即在规定条件下允许接触器主触头正常工作的电压值。一般交流接触器的额定工作电压主要有 110V、220V、380V、500V、660V 等,直流接触器额定工作电压主要有 110V、220V、440V、660V。选用接触器时,其主触头的额定工作电压应大于或等于负载电压。

2. 额定工作电流

接触器的额定工作电流是指其主触头的额定工作电流,即在规定条件下允许接触器主触头正常工作的电流值。一般接触器的额定工作电流等级有 5A、10A、20A、40A、60A、100A、150A、250A、400A 和 600A。

3. 电磁线圈的额定电压

电磁线圈的额定电压是指接触器正常工作时电磁线圈上所加的电压值。常用的交流接触器电磁线圈额定电压有 36V、110V、220V 和 380V,直流接触器电磁线圈额定电压有 24V、48V、110V、220V、440V。

4. 电磁线圈的吸合电压与释放电压

电磁线圈的吸合电压是指接触器可以吸合的最小电压,释放电压是指接触器吸合后能够释放的最大电压。一般规定电磁线圈的吸合电压不得低于电磁线圈额定工作电压的 85%,释放电压不得高于电磁线圈额定工作电压的 70%。

5. 约定发热电流

约定发热电流是指在规定条件下试验时,接触器在 8h 工作制下各部分温升不超过极限值时所承载的最大电流。

6. 接通与分断能力

接触器的接通与分断能力是指主触头在规定条件下能够进行可靠接通和分断的电流值。在该电流值下,接触器触头在闭合时不会引起触头熔焊,触头断开时能可靠灭弧。

7. 机械寿命和电气寿命

接触器的机械寿命和电气寿命是指可以使用的次数,一般以万次表示。目前接触器的机械寿命能达数百万次,甚至更高;接触器的电气寿命一般应不小于机械寿命的 1/20。

8. 额定操作频率

额定操作频率是指每小时允许操作次数的最大值,一般交流接触器的最高操作频率为 600 次/h,直流接触器的最高操作频率为 1200 次/h。

(三) 接触器的安装和使用

选用接触器时,应根据电路中负载电流的种类选择接触器的类型,接触器的额定工作电压和额定工作电流应根据负载回路的工作电压和电流确定,电磁线圈的额定电压应与所接控制电路的额定电压等级一致。接触器的安装和使用时应注意如下事项:

(1)安装前应先检查电磁线圈的额定电压、额定电流等技术参数是否符合要求,检查接触器触头接触是否良好,有无卡阻现象,对新安装的接触器应擦净铁芯表面的防锈油。

(2)接触器一般垂直安装,倾斜度不得超过 5°。对有散热孔的接触器,散热孔应放在上下位置,以利于散热。

(3)安装时应拧紧固定螺钉,防止运行时产生振动。

(4)安装和接线时,切勿把零件失落在接触器内部,及时清除掉入接触器内部的细碎导线,以免引起接触器卡阻烧毁线圈。

(5)接触器的触头应定期清扫保持清洁,触头表面因电弧出现金属烧蚀,应及时锉修。

（四）接触器常见故障与处理方法

接触器常见故障与处理方法见表2-5。

接触器常见故障与处理方法 表2-5

故障现象	故障原因	处理方法
电磁线圈通电后，接触器没反应	(1) 电磁线圈控制线路断路	检查并接通电磁线圈控制线路
	(2) 电磁线圈损坏	更换线圈
	(3) 控制电源电压与线圈额定电压不符	更换适合电源电压的接触器
电磁线圈通电后，接触器吸不上或吸力不足	(1) 电源电压过低或波动过大	调整电源电压
	(2) 电磁线圈控制回路电源容量不足	增加电源容量
	(3) 触头弹簧压力或释放弹簧压力过大	调整弹簧压力或更换弹簧
	(4) 触头接触不良	清理触头或更换相应的触头
	(5) 触头行程过大	调整触头行程
	(6) 电源离接触器太远，连接导线太细	更换较粗的连接导线
	(7) 衔铁和铁芯间的间隙过大，可动部分卡住、转轴生锈或变形	调小衔铁和铁芯间隙，清洗转轴和支承杆，必要时更换配件
	(8) 短路环断裂	应换上同样尺寸的短路环
电磁线圈断电后，接触器不释放或释放缓慢	(1) 触头弹簧压力过小	重新安装弹簧
	(2) 触头熔焊在一起	更换触头
	(3) 机械可动部分卡住，转轴生锈或歪斜	排除卡住现象，修理受损零件
	(4) 反力弹簧损坏	更换反力弹簧
	(5) 铁芯极面有污垢或有灰尘附着	清洁铁芯极面
	(6) 铁芯去磁气隙消失，剩磁增大衔铁不释放	更换铁芯
	(7) 控制线路接线错误	按控制线路图更正接线
电磁线圈过热或烧损	(1) 电源电压过高或过低	调整电源电压
	(2) 电磁线圈技术参数与实际使用条件不符	调换电磁线圈或接触器
	(3) 操作频率过高	更换与操作频率相适应的接触器
	(4) 电磁线圈制作不良或由于机械受损、绝缘损坏等	更换电磁线圈，排除引起线圈机械损伤的故障
	(5) 环境温度过高	降低环境温度，采用特殊设计的电磁线圈
	(6) 运动部分被卡住	排除卡住故障
	(7) 交流铁芯极面不平或气隙过大	清洁极面或调换铁芯

续上表

故障现象	故障原因	处理方法
接触器噪声大	(1)电源电压过低	提高电源电压
	(2)触头弹簧压力过大或触头行程过大	调整触头弹簧压力或行程
	(3)衔铁机械卡住,与铁芯不能吸平	消除机械卡住故障
	(4)铁芯极面生锈、磨损或有异物侵入极面	清洁铁芯极面或更换铁芯
	(5)短路环断裂	更换短路环
	(6)电磁线圈匝间短路	更换电磁线圈
触头熔焊	(1)操作频率过高或过载使用	更换合适的接触器
	(2)负载侧短路	排除短路故障,更换触头
	(3)触头弹簧压力过小	调整触头弹簧压力
	(4)触头表面有异物	清洁触头表面
	(5)操作回路电源电压过低	提高操作回路电源电压
	(6)负荷过重,触头容量过小	减轻负荷或更换更大容量触头
触头过热或烧灼	(1)触头弹簧压力过小	调整触头弹簧压力
	(2)触头接触面上有油污或表面不平,或有金属颗粒突起	清理触头接触面
	(3)环境温度过高	改善接触器的工作环境
	(4)触头工作时间过长	接触器降容使用
	(5)操作频率过高,或工作电流过大	更换容量较大的接触器
	(6)触头的超行程过小	调整触头行程或更换触头
触头过度磨损	(1)触头容量小	接触器降容使用
	(2)三相触头动作不同步	调整触头使其同步动作
	(3)负载侧短路	排除短路故障,更换触头
接触器相间短路	(1)接触器堆积尘土过多或粘有水气、油垢,使绝缘破坏	清扫接触器,保持清洁、干燥
	(2)两台接触器联锁不可靠或在转换过程中发生电弧短路	增加机械连锁
	(3)灭弧罩破裂,或接触器零部件被电弧烧损炭化	更换灭弧罩或更换损坏的部件

二、继电器

(一) 继电器的应用和分类

继电器是利用电压、电流、温度、速度等各种物理量的变化,将电量或非电量信号转化为电磁力或使被控量发生预定的阶跃变化,并通过其触头或突变量促使电路中其他器件或装置动作。继电器通常应用于自动化控制电路中,起着信号传递、自动调节、控制、保护、转换、联锁等作用。继电器具有动作快、工作稳定、使用寿命长、体积小等优点,广泛应用于电力保护、自动化、运动、遥控、测量和通信等装置中。

继电器的分类方法较多。按输入信号划分,继电器可分为热继电器、电压继电器、电流继电器、中间继电器、时间继电器、速度继电器、压力继电器等;按动作原理划分,继电器可分为电磁式继电器、磁电式继电器、感应式继电器、电动式继电器、光电式继电器、压电式继电器、固态继电器等。

下文主要介绍电磁式继电器、热继电器、时间继电器、固态继电器。

(二) 电磁式继电器

电磁式继电器的结构和工作原理与接触器基本相同,它由电磁机构、触头系统、释放弹簧等组成,如图2-11所示。继电器常用于控制电路,流过触头的电流比较小,因此一般不需要灭弧装置,也无主触头和辅助触头之分。

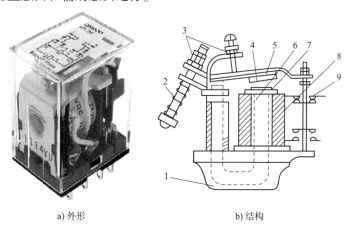

a) 外形　　　　　　　　b) 结构

图2-11　电磁式继电器的外形和结构

1-底座;2-反作用弹簧;3-调节螺钉;4-非磁性垫片;5-衔铁;6-铁芯;7-极靴;8-线圈;9-触头

1. 电磁式继电器技术参数

(1) 额定工作电压

额定工作电压是指继电器正常工作时加在线圈两端的电压有效值。

(2) 额定工作电流

额定工作电流是指继电器在正常工作时通过线圈的电流有效值。

(3) 线圈直流电阻

线圈直流电阻是指继电器线圈的直流电阻值,可以通过万用表测量。

(4) 吸合电压(电流)

吸合电压(电流)是指继电器能够产生吸合动作的最小电压(电流)。为了能够使继电器能够可靠地吸合,线圈上施加的电压应稍大于额定电压。

(5) 释放电压(电流)

释放电压(电流)是指继电器由吸合状态转换为释放状态时所需的最大电压(电流)值,一般为吸合值的0.1~0.5倍。

(6)动作时间

继电器动作时间包括吸合时间和释放时间。吸合时间是指继电器线圈通电后,触头从释放状态到完全吸合所需要的时间。释放时间是指继电器线圈断电后,触头从吸合状态到完全释放所需要的时间。

(7)触头电压和电流

触头电压和电流是指继电器的触头允许施加的电压和通过的电流,即触头能够承受的负载大小。

2. 电磁式继电器的分类

常见的电磁式继电器有电压继电器、电流继电器和中间继电器。

(1)电压继电器

电压继电器是根据继电器内部线圈两端电压大小而接通或分断电路的继电器。这种继电器线圈匝数多且导线细,使用时线圈与负载并联。电压继电器分为过电压继电器、欠电压继电器和零电压继电器。电压继电器符号如图2-12所示。

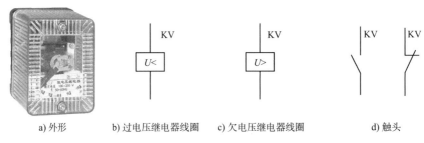

图2-12 电压继电器及符号

①过电压继电器

过电压继电器在电路中用于过电压保护,其吸合电压值为被保护线路额定电压的1.05~1.2倍。当被保护的线路电压正常时,衔铁不动作;当被保护线路的电压高于额定值,达到过电压继电器的吸合电压值时,衔铁吸合,触头动作,控制电路失电,及时分断被保护电路。

②欠电压继电器

在电路中用于欠电压保护,其释放电压值为线路额定电压的0.6~0.85倍。当被保护线路电压正常时,衔铁可靠吸合;当被保护线路电压下降至欠电压继电器的释放电压值时,衔铁释放,触头复位,控制电路失电,及时分断被保护电路。

③零电压继电器

零电压继电器用于零电压保护,当被保护线路的电压降低到额定电压的0.05~0.25倍时衔铁释放,触头复位,对电路实现零电压保护。

(2)电流继电器

电流继电器是一种常用的电磁式继电器,主要用于电路的电流保护和控制。电流继电器线圈与负载串联,它的线圈匝数少而导线粗,这样通过电流时的压降很小,不会影响负载电路的电流。常用的电流继电器有欠电流继电器和过电流继电器两种。电流继电器符号如图2-13所示。

a) 外形　　　　b) 过电流继电器线圈　　c) 欠电流继电器线圈　　d) 触头

图 2-13　电流继电器及符号

①欠电流继电器

欠电流继电器在电路中起欠电流保护作用。欠电流继电器的吸合电流通常为线圈额定电流的 0.3~0.65 倍,释放电流为额定电流 0.1~0.2 倍。当电路正常工作时,衔铁吸合;当电流降低到释放电流时,衔铁释放,触头复位,控制电路失电,及时分断被保护电路。

②过电流继电器

过电流继电器在电路中起过电流保护,整定范围通常为额定电流的 1.1~4 倍。当电路正常工作时,衔铁不动作;当被保护线路的电流高于额定值,达到过电流继电器的整定值时,衔铁吸合,触头动作,控制电路失电,及时分断被保护电路。

(3) 中间继电器

中间继电器实质是一种电压继电器,其主要用途是当其他继电器触头数量或容量不够时,可借助中间继电器扩充触头数目或增大触头容量,起中间控制或转换作用,故称为中间继电器。中间继电器结构与小型交流接触器基本相同,但没有主触头和辅助触头之分,每对触头允许通过的电流大小相同,触头容量与接触器的辅助触头差不多。中间继电器体积小,动作灵敏度高,在 10A 以下电路中可代替接触器起控制作用。中间继电器结构和符号如图 2-14 所示。

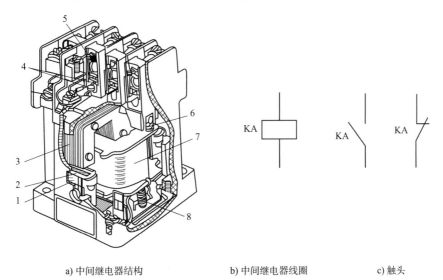

a) 中间继电器结构　　　　b) 中间继电器线圈　　　c) 触头

图 2-14　中间继电器结构与符号

1-静铁芯;2-短路环;3-衔铁;4-常开触头;5-常闭触头;6-反作用弹簧;7-线圈;8-缓冲弹簧

3. 电磁式继电器的选择、安装和使用

选用电磁式继电器时应根据电路要求选择继电器的类型,继电器线圈的额定电压和额定电流,触头的额定电压和额定电流应满足线路要求。

电磁式继电器的安装和使用时应注意:

(1)安装使用前,应先检查电磁式继电器的相关参数是否与保护电路的要求相符。

(2)安装前,应先检查触头接触是否良好,是否有卡阻现象。

(3)检查铁芯极面,避免油垢黏滞造成线圈断电后衔铁不能释放的故障。

(4)安装时,应注意安装方向,以利于散热。

(5)安装时,切勿使螺钉、垫圈等落入继电器内部,避免造成机械卡阻。

(6)电磁式继电器的触头应保持清洁,不允许涂油,当触头表面因电弧损伤应进行修缮。

4. 电磁式继电器常见故障与处理方法

电磁式继电器常见故障与处理方法见表2-6。

电磁式继电器常见故障与处理方法 表2-6

故障现象	故障原因	处理方法
通电后继电器不动作	(1)线圈断路	检查接线或更换线圈
	(2)电源电压未达到线圈额定电压	提升电源电压或更换额定电压合适的线圈
	(3)运动部件被卡住	查明卡住原因并排除
	(4)运动部件歪斜或生锈卡死	拆下后清洗去锈,重新安装调整
通电后不能完全闭合或吸合不牢	(1)线圈电源电压过低	调整电源电压或更换额定电压合适的线圈
	(2)运动部件被卡住	查明卡住原因并排除
	(3)触头弹簧或释放弹簧压力过大	调整弹簧压力或更换弹簧
	(4)交流铁芯极面不平或严重锈蚀	修整极面及去除锈蚀或更换铁芯
	(5)交流铁芯分磁环断裂	更换分磁环或更换铁芯
线圈损坏或烧毁	(1)线圈内部断线	重绕或更换线圈
	(2)线圈在超压或欠压下运行而电压过大	检查并调整线圈电源电压
	(3)线圈额定电压比其电源电压低	更换额定电压合适的线圈
	(4)线圈匝间短路	更换线圈
触头严重烧损	(1)触头表面积聚尘垢	清理触头表面尘垢
	(2)触头接触面积小而烧毁	更换触头
	(3)接触压力太小	调整或更换弹簧
触头熔焊	(1)闭合过程中振动剧烈或发生多次振动	查明原因,采取减振措施
	(2)接触压力太小	调整或更换弹簧
	(3)触头接触面上有金属颗粒凸起或异物	清理触头接触面
线圈断电后不释放	(1)释放弹簧反力太小	换上合适的弹簧
	(2)极面残留黏性油脂	将极面擦拭干净

续上表

故障现象	故障原因	处理方法
线圈断电后不释放	(3)运动部件被卡住	查明原因后排除故障
	(4)触头已熔焊	更换触头

(三)热继电器

热继电器是利用流过继电器的电流所产生的热效应而反时限动作的自动保护电器。热继电器常用作电动机的过载保护、断相保护、电流不平衡运行的保护。热继电器具有体积小,结构简单、成本低等优点,在生产中得到了广泛应用。

1. 热继电器结构和工作原理

热继电器主要由热元件、双金属片和触头等组成,其外形、结构及符号如图2-15所示。

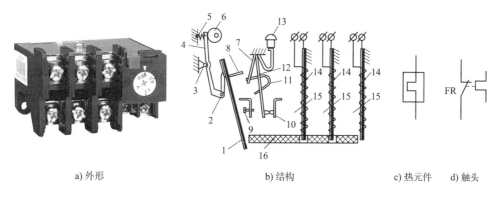

图2-15 热继电器结构与符号

1-连杆;2-轴;3-支点;4-推杆;5-弹簧;6-凸轮;7-片簧;8-推杆;9-动合触头;10-动断触头;11-弓形弹簧片;12-簧片;13-复位按钮;14-双金属片;15-发热元件;16-导板

热继电器的工作原理:流入热元件的电流产生热量,使有不同膨胀系数的双金属片发生形变;当形变达到一定程度时,推动导板移动致使连杆动作,到一定位置时,动断触头断开,动合触头闭合,使电路断电,实现电路过载保护。

2. 热继电器技术参数

(1)热继电器额定电压

热继电器额定电压是指热继电器能够正常工作的最高电压值。

(2)热继电器额定电流

热继电器额定电流主要是指热继电器长期工作的电流。

(3)热继电器额定频率

热继电器额定频率一般按照45~62Hz设计。

(4)热继电器整定电流

热继电器整定电流是指长期通过发热元件而不致使热继电器动作的最大电流。整定电流是在一定的电流条件下热继电器的动作时间和电流的平方成反比。热继电器整定电流的范围由本身的特性来决定。

3. 热继电器的安装和使用

在选择热继电器时,应注意热元件的额定电流与被保护设备的额定电流值相匹配。热继电器在安装和使用的过程中,如果选型不当,很容易出现动作过快、过慢或不动作问题等,影响使用效果。因此,热继电器在安装和使用的过程中需要注意一些事项,具体如下:

(1)由于热继电器有热惯性,大电流出现时不能立即动作,热继电器不能用作短路保护。

(2)热继电器周围温度与被保护设备的周围温度相差太大时应按两地温度差配置适当的热继电器。

(3)安装时,如热继电器可调整部件没有对准刻度,应重新调整,对准刻度。

(4)使用时,应注意热继电器周围的环境温度,应保证具有散热条件,特别是有温度补偿装置的热继电器。

(5)当热继电器通过巨大的短路电流而双金属片产生永久变形时,应重新调整试验。

(6)热继电器长期使用后,若积尘、锈蚀或动作机构卡住、磨损、胶木零配件变形等,应及时处理并重新校验。

4. 热继电器常见故障与处理方法

热继电器常见故障与处理方法见表2-7。

热继电器常见故障与处理方法　　　　表2-7

故障现象	故障原因	处理方法
热继电器误动作	(1)热继电器整定电流与被保护设备额定电流值不符	按保护设备容量更换热继电器
	(2)热继电器可调整部件固定螺钉松动或损坏,偏离原整定点	拧紧螺钉,修好损坏部件,并对准刻度,重新调整试验
	(3)热继电器通过了较大的短路电流后,双金属片已经产生永久变形	对热继电器进行重新调整试验
	(4)热继电器使用时间较长,灰尘聚积或生锈或动作机构卡住、磨损、胶木零配件变形等	清除灰尘、污垢,去锈处理后重新校验
	(5)热继电器盖子未盖上或未盖好	盖好热继电器的盖子
	(6)热继电器外接线螺钉未拧紧或连接线太细	把螺钉拧紧或更换合适的连接线
	(7)热继电器安装方式不符合规定	按规定方式安装热继电器
	(8)安装环境温度与保护电气设备的环境温度相差过大	按两地温度相差的情况更换适当的热继电器
热继电器不动作	(1)整定值偏大	合理调整整定值
	(2)触头接触不良	查找原因,使触头良好接触
	(3)热元件烧断或脱落	更换热继电器
	(4)动作机构卡死	查找卡死原因,排除故障
	(5)导板脱出	重新放置导板,并确认动作是否灵活

续上表

故障现象	故障原因	处理措施
热元件烧断	(1)负荷侧短路,电流过大	检查电路,排除故障,更换热继电器
	(2)反复短时工作操作次数过高	按使用条件合理选用热继电器
	(3)机构故障	更换热继电器
热继电器动作时快时慢	(1)内部机构有某些部件松动	加固拧紧机构部件
	(2)双金属片弯曲变形	修正双金属片
	(3)外接螺钉未拧紧	拧紧外接螺钉

(四)时间继电器

时间继电器是一种利用电磁原理或机械动作原理来实现触头延时闭合或分断的自动控制电器。当加入或去掉输入的动作信号后,其输出电路需经过设定的时间才产生跳跃式变化或触头动作。时间继电器广泛应用于遥控、通信、自动控制等领域。

1. 时间断电器的分类

按工作原理的不同,时间继电器可分为空气阻尼式时间继电器、电动式时间继电器、电磁式时间继电器、电子式时间继电器等;根据延时方式的不同,时间继电器可分为通电延时型和断电延时型两种。

下文我们主要介绍空气阻尼式时间继电器和电子式时间继电器。

(1)空气阻尼式时间继电器

空气阻尼式时间继电器,又称气囊式时间继电器,是一种电磁式继电器。空气阻尼式时间继电器主要由电磁系统、延时机构和触头系统等部分组成。空气阻尼式时间继电器按延时方式分为通电延时型和断电延时型两种。通电延时型和断电延时型空气阻尼式时间继电器结构和符号如图2-16所示。

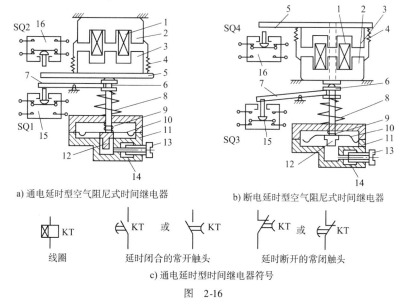

a) 通电延时型空气阻尼式时间继电器　　b) 断电延时型空气阻尼式时间继电器

c) 通电延时型时间继电器符号

图 2-16

图 2-16 空气阻尼式时间继电器结构与符号
1-线圈;2-铁芯;3-衔铁;4-反力弹簧;5-推板;6-活塞杆;7-杠杆;8-塔形弹簧;9-弱弹簧;10-橡皮膜;11-空气室;
12-活塞;13-调节螺钉;14-进气孔;15、16-微动开关

以断电延时型空气阻尼式时间继电器为例,介绍其工作原理。当线圈通电后,衔铁连同推板被铁芯吸引向下吸合,上方微动开关压下,使上方微动开关触头迅速动作。同时,在气室内与橡皮膜相连的活塞杆也迅速向下移动,带动杠杆左端迅速上移,微动开关延时常开触头马上闭合,常闭触头马上断开。当线圈断电时,微动开关迅速复位,在气室内与橡皮膜相连的活塞杆在弹簧作用下也向上移动,由于橡皮膜下方的空气稀薄形成负压,起到空气阻尼的作用,因此活塞杆只能缓慢向上移动,移动速度由进气孔的大小而定,可通过调节螺钉调整。经过一段延时后,活塞才能移到最上端,并通过杠杆压动开关,使其常开触头延时断开,常闭触头延时闭合。

对于通电延时型空气阻尼式时间继电器,当线圈得电时,其延时动合触头要延续一段时间才能闭合,延时动断触头要延续一段时间才能断开;当线圈失电时,其延时动合触头迅速断开,延时动断触头迅速闭合。

(2)电子式时间继电器

电子式时间继电器也称为半导体时间继电器或晶体管式时间继电器。电子式时间继电器是由晶体管、集成电路和电子元器件等构成,目前已有采用单片机控制的时间继电器。常用电子式时间继电器外形和结构如图 2-17 所示。

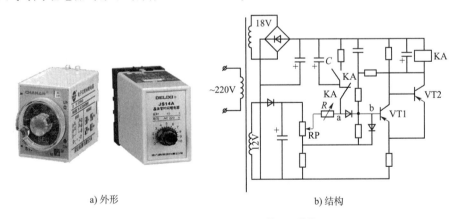

图 2-17 电子式时间继电器外形和结构

工作原理如下:当电源变压器接通,VT1 管导通,VT2 管截止,继电器 KA 不动作,两个电源分别向电容 C 充电,a 点电位按指数规律上升。当 a 点电位高于 b 点电位时,VT1 管截止,VT2 管导通,VT2 管集电极电流流过 KA 的线圈,KA 触头动作,转换输出信号。图 2-15 中 KA 的动断触头断开充电电路,动合触头闭合,使电容放电,为下一次动作做准备。调节电位

器RP的值,就可改变延时时间。

2. 时间继电器技术参数

时间继电器技术参数包括额定电压、延时范围、准确度、适应环境温度、机械寿命和电寿命等。空气阻尼式时间继电器还应考虑触头工作电流、触头形式及数量等参数。

3. 时间继电器的安装和使用

选用时间继电器时,除了要注意电源的类型与电压的等级,还应注意以下几点:

(1)根据受控电路的电压来选择空气阻尼式时间继电器线圈的电压或电子式时间继电器的工作电压。

(2)根据使用场合、工作环境、延时范围和精度要求选择时间继电器的类型。在电源电压波动大的场合可选用空气阻尼式时间继电器,环境温度变化大的场合不宜选用空气阻尼式时间继电器;对精度要求高的场合,可选用电子式时间继电器。

(3)根据控制电路对延时触头的要求选择时间继电器延时方式,即通电延时型时间继电器或断电延时型时间继电器。

(4)安装时间继电器时,应按说明书规定的方向安装。

(5)时间继电器的整定值,应预先在不通电时整定好。

(6)时间继电器金属底板上的接地螺钉必须与接地线可靠连接。

(7)在使用空气阻尼式时间继电器时,应保持延时机构的清洁,防止因进气孔堵塞而失去延时作用。

4. 时间继电器常见故障与处理方法

时间电器常见故障与处理方法见表2-8。

时间继电器常见故障与处理方法 表2-8

故障现象		故障原因	处理方法
电子式时间继电器	延时时间不准确或不延时	(1)电位器内炭膜磨损或进入灰尘	清洁电位器,必要时更换电位器
		(2)晶体管损坏、老化,造成延时电路参数改变	更换元件或继电器
	元件焊点松动、插座脱离	时间继电器受震动或撞击	仔细检查或重新补焊
空气阻尼式时间继电器	延时时间不准确或不延时	(1)气室密封不严或漏气	检查漏气地方进行密封处理
		(2)进气或出气通道堵塞	清理进气或出气通道
空气阻尼式时间继电器	线圈损坏	(1)空气中含粉尘、油污、水蒸气或腐蚀性气体,以致绝缘损坏	涂抹绝缘漆,必要时更换线圈
		(2)线圈内部断线	更换线圈
		(3)线圈在超压或欠压下运行而电流过大	检查并调整线圈电源电压
		(4)线圈额定电压比电源电压低	更换额定电压合适的线圈

续上表

故障现象		故障原因	处理方法
空气阻尼式时间继电器	线圈过热或噪声过大	(1)线圈匝间短路	更换线圈
		(2)衔铁与铁芯接触面接触不良或衔铁歪斜	清洗接触面的油污及杂质,调整衔铁接触面
		(3)短路环损坏	更换线圈
		(4)弹簧压力过大	调整弹簧压力,排除机械卡阻

(五)固态继电器

1.固态继电器的特点和分类

固态继电器(Solid State Relay,SSR),又叫半导体继电器,是由微电子电路、分立电子器件、电力电子功率器件组成的具有继电器特性的无触头开关器件。单相的固态继电器为四端有源器件(其中两个输入控制端和两个输出端),其输入输出采用隔离器件实现电隔离。固态继电器的输入端输入微小的控制信号,输出端就能从断态转变成通态,直接驱动大电流负载。

固态继电器除具有与电磁继电器相同的功能外,还具有耐振、耐机械冲击,安装位置无限制,功率小,灵敏度高,电磁兼容性好,噪声低和工作频率高等特点,同时具有良好的防潮、防霉、防腐蚀性能。专用的固态继电器还具有短路保护,过载保护和过热保护功能。固态继电器与组合逻辑电路固化封装组成智能模块,可以直接用于控制系统中。如今固态继电器不仅在工业控制、交通设施、通信工程、消防、电力系统、生活家电等领域得到广泛应用,还在化工、煤矿等需防爆、防潮、防腐蚀场合中也有大量使用。

固态继电器按负载电源类型可分为交流型固态继电器和直流型固态继电器,按开关形式可分为常开型固态继电器和常闭型固态继电器,按隔离形式可分为混合型固态继电器、变压器隔离型固态继电器和光电隔离型固态继电器,按安装方式可分为面板安装型固态继电器和线路板安装型固态继电器,按元件分有普通型固态继电器和增强型固态继电器。其中,交流型固态继电器包括单相交流型固态继电器和三相交流型固态继电器,按导通与关断的时机,可分为随机型交流固态继电器和过零型交流固态继电器。

2.固态继电器的结构和工作原理

固态继电器由输入电路、驱动电路和输出电路三部分组成,其外形、结构及符号如图2-18所示。

(1)输入电路

固态继电器的输入电路是固态继电器的触发信号源,为输入控制信号提供回路。固态继电器的输入电路可分为直流输入电路、交流输入电路和交直流输入电路三种。直流输入电路又分为阻性输入电路和恒流输入电路。阻性输入电路是指输入控制电流随输入电压呈线性的正向变化;恒流输入电路是指在输入电压达到一定值时电流不再随电压的升高而明显增大,这种继电器可适用于相当宽的输入电压范围。

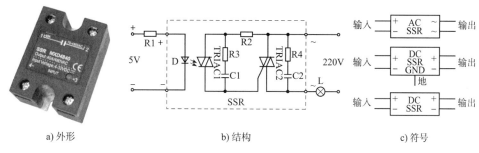

图 2-18 固态继电器外形和结构

(2) 驱动电路

固态继电器的驱动电路包括隔离耦合电路、功能电路和触发电路三部分。对于隔离耦合电路，目前多采用光电耦合器和高频变压器两种形式。光电耦合器通常采用光电二极管-光电三极管、光电二极管-双向光控可控硅、光伏电池等元器件实现控制侧与负载侧隔离控制；高频变压器耦合是利用输入的控制信号产生的自激高频信号通过变压器磁芯传递到变压器次级。功能电路包括检波整流、过零、加速、保护、显示等各种功能电路。触发电路是具有几个稳态或非稳态的电路（至少有一个稳态电路），在施加一个适当脉冲时即能启动所需的转变。触发电路的作用是给输出器件提供触发信号。

(3) 输出电路

固态继电器的输出电路是在触发信号的控制下实现固态继电器的通断切换。输出电路主要由输出器件（芯片）和起瞬态抑制作用的吸收回路组成，有时还包括反馈电路。

目前，各种固态继电器使用的输出器件主要有晶体三极管、单向可控硅、双向可控硅、MOS 场效应管、绝缘栅型双极晶体管等。固态继电器的输出电路也可分为直流输出电路、交流输出电路和交直流输出电路等形式。

(4) 工作原理

如图 2-18c) 所示，控制电路的直流电压经过限流电阻 $R1$ 后，得到 $10\sim20\mathrm{mA}$ 的电流，使发光管 D 发亮，激发小功率光控双向晶闸管 TRIAC1 导通，从而触发大功率双向晶闸管 TRIAC2 使之导通，于是负载 L 得电。

3. 固态继电器技术参数

(1) 输入电压范围

在 25℃ 环境温度下，固态继电器能够正常工作的输入电压范围。

(2) 输入电流

在输入电压范围内某一特定电压对应的输入电流值。

(3) 接通、关断电压

确保输出端导通（关断）前提下，在输入端施加的最小（最大）电压值。

(4) 反极性电压

加在固态继电器输入端上而不引起永久性破坏的最大允许反向电压。

(5) 额定输出电流和电压

在 25℃ 环境温度下的最大稳态工作电流和能够承受的最大负载工作电压。

（6）输出电压降

当固态继电器处于导通状态时，在额定输出电流下的输出端电压。

（7）输出漏电流

当固态继电器处于关断状态，输出端施加额定输出电压时流经负载的电流值。

（8）接通时间

当固态继电器接通时，输入电压上升到接通电压开始到输出电压到最终值的90%为止所需的时间。

（9）关断时间

当固态继电器关断时，输入电压下降到关断电压开始到输出电压到最终值的10%为止所需的时间。

（10）过零电压

对交流过零型固态继电器，输入端施加额定电压使固态继电器输出端导通的最大起始电压。

（11）最大浪涌电压（电流）

固态继电器能承受的而不致造成永久性损坏的非重复浪涌电压（电流）。

（12）电器系统峰值

工作状态下固态继电器输出端能够承受的最大瞬时电压峰值。

（13）电压指数上升率 dv/dt

固态继电器的输出元件能够承受的不使其导通的电压上升率。

（14）工作温度

固态继电器正常工作的环境温度范围。

4. 固态继电器的安装和使用

选用固态继电器时必须先确定其电性能参数与实际要求技术指标是否相符或匹配，以及外界电路或负载是否匹配等。在选用某种型号的时候，需要考虑其外形、装配方式和散热情况。除此之外，安装和使用时还应注意以下事项：

（1）在安装和使用时应远离电磁干扰、射频干扰源，以防继电器误动作。

（2）固态继电器的负载能力受环境温度和自身温升的影响较大，在使用过程中，应保证其有良好的散热条件。额定工作电流在10A以上应配备散热器。

（3）配备散热器的，安装时应注意固态继电器底部与散热器的良好接触，可以涂适量导热硅脂以达到最佳散热效果。

（4）在具体使用时，控制信号和负载电源要求稳定。当电压波动大于10%时，应采取稳压措施。

（5）在使用固态继电器时，应采取过流、过压保护措施，以免因过流和负载发生短路，造成继电器内部输出可控硅永久损坏。

（6）固态继电器开路且负载端有电压时，输出端会有一定的漏电流，在使用或设计时应注意。

（7）更换固态继电器时，应尽量选用原型号或技术参数完全相同的产品，以便与原应用线路匹配，保证系统的可靠工作。

5. 固态继电器常见故障与处理方法

固态继电器常见故障与处理方法见表 2-9。

固态继电器常见故障与处理方法　　　　　　　　　表 2-9

故障现象	故障原因	处理方法
固态继电器烧坏	(1)固态继电器过流使用	更换额定电流较大的固态继电器或降低负载电流
	(2)散热不好	合理选用散热器或降低电流使用
	(3)固态继电器型号与实际电路不符	根据实际电路选择型号相符的固态继电器
	(4)固态继电器的额定带载能力低于实际负载功率	根据实际电路选择额定电流较大的固态继电器
固态继电器不能断开	(1)负载电流大于固态继电器的额定切换电流	更换额定电流较大的固态继电器
	(2)散热不良导致输出半导体器件损坏	更换更有效的散热片
	(3)电压瞬变引起继电器输出部分击穿	使用额定电压较高的固态继电器或设置瞬态保护电路
	(4)继电器的释放电压太低	更换额定电压相符的固态继电器
	(5)输入端线路有问题	检查输入电路并改正
固态继电器不能接通	(1)固态继电器与负载不匹配	更换与实际电路选择型号相符的固态继电器
	(2)固态继电器安装不正确或输入、输出端没有紧固好	检查并紧固安装

三、主令电器

主令电器是用作接通、分断及转换控制电路的开关电器。在自动控制系统中主令电器用于发送控制指令。常用的主令电器有按钮开关、行程开关、万能转换开关、接近开关等。

(一)按钮开关

按钮开关是利用按钮推动传动机构使动触头与静触头接通或断开,实现电路通断转换的主令电器。按钮开关结构简单,应用十分广泛。按钮开关的触头允许通过的电流较小,一般不超过 5A。因此,一般情况下按钮开关不直接控制大电流电路,而是用在控制电路(小电流电路)中发出指令信号,通过控制接触器、继电器等电器控制主电路的通断、功能转换或电气联锁。

1. 按钮开关的结构

按钮开关一般由按钮帽、复位弹簧、桥式动触头、静触头、支柱连杆、外壳等部分组成,其中静触头包括常开静触头和常闭静触头。按钮开关结构和符号如图 2-19 所示。

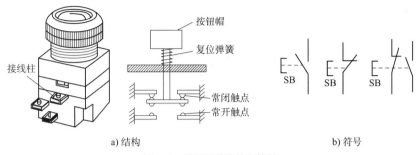

a) 结构　　　　　　　　　　　b) 符号

图 2-19　按钮开关结构和符号

2. 按钮开关的技术参数

常用按钮开关的主要技术参数有额定电压、额定电流、结构形式、触头对数、按钮数和按钮颜色。

3. 按钮开关的安装和使用

在实际工程中,应根据使用场合和具体用途选择按钮开关的种类;根据工作状态指示和工作情况要求,选择按钮开关的颜色;根据控制回路的需求选择按钮开关的数量。在安装和使用按钮开关时,还应注意以下事项:

(1)安装时,按钮开关应布置整齐、排列合理,可根据控制设备操作的先后次序,从上到下或从左到右排列。

(2)按钮开关的安装固定应牢固,接线应可靠。

(3)由于按钮触头间距离较小,应保持触头的清洁,以免有油污等发生短路故障。

(4)按钮开关用于高温场合时,易使塑料变形老化而导致松动,引起接线螺钉间相碰短路,可在接线螺钉处加套绝缘塑料管来防止短路。

(5)"停止"按钮必须是红色,"急停"按钮必须是红色蘑菇头式,"启动"按钮必须有防护挡圈,且防护挡圈应高于按钮头,以防意外触动使电气设备误动作。

4. 按钮开关常见故障与处理方法

按钮开关常见故障与处理方法见表 2-10。

按钮开关常见故障与处理方法　　　　　　　表 2-10

故障现象	故障原因	处理方法
触头接触不良	(1)触头烧损	修整触头或更换按钮开关
	(2)触头表面有尘垢	清洁触头表面
	(3)触头弹簧失效	重装或更换弹簧
触头间短路	(1)塑料受热变形导致接线螺钉相碰短路	查明发热原因,排除故障,更换按钮开关
	(2)杂物或油污在触头间形成通路	清洁按钮内部

(二) 行程开关

行程开关又叫位置开关,也称限位开关,是一种常用的小电流主令电器。在实际应用工程中,将行程开关安装在预先设定的位置,当生产机械运动部件上的模块碰撞行程开关时,其触头动作,接通或分断控制电路。通常,行程开关被用来限制机械运动的位置或行程,使运动机械按一定位置或行程自动停止、反向运动、变速运动等。行程开关的工作原理与按钮开关的类似。行程开关广泛用于各类机床、起重机械、电梯、轨道交通车门、站台屏蔽门等控制电路中,实现行程控制、限位保护等。

1. 行程开关的结构与分类

行程开关的种类很多,但结构大致相同。从结构上来看,行程开关包括触头系统、操作机构和外壳三个部分。行程开关按其结构可分为直动式行程开关、滚轮式行程开关、微动式行程开关和组合式行程开关。行程开关的符号如图2-20所示。

(1) 直动式行程开关

直动式行程开关和按钮开关类似,不同的是直动式行程开关是由机械运动部件碰撞顶杆向内压缩内部的微动开关,触头动作,当机械运动部件移开时,在内部弹簧的作用下,触头复位。直动式行程开关的外形和结构如图2-21所示。

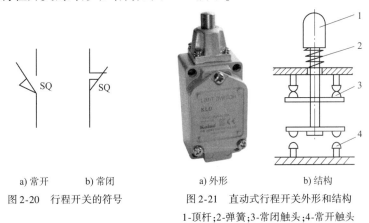

a) 常开　　b) 常闭

图2-20 行程开关的符号

a) 外形　　b) 结构

图2-21 直动式行程开关外形和结构
1-顶杆;2-弹簧;3-常闭触头;4-常开触头

(2) 滚轮式行程开关

滚轮式行程开关又分为单滚轮自动复位式行程开关和双滚轮非自动复位式行程开关,其外形与结构如图2-22所示。

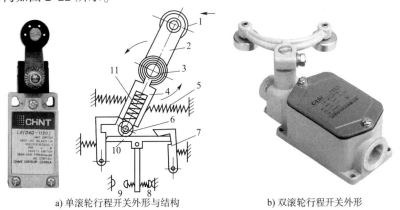

a) 单滚轮行程开关外形与结构　　b) 双滚轮行程开关外形

图2-22 滚轮行程开关外形和结构

1-滚轮;2-摆杆;3-固定支点;4-套架;5-复位弹簧;6-滑轮;7-压板;8-常闭触头;9-常开触头;10-横板;11-储能弹簧

单滚轮自动复位式行程开关的机构原理：当运动撞块自右向左推动滚轮时，摆杆绕固定支点逆时针转动，于是滑轮向右滚动，此时储能弹簧被压缩储存能量；当滚轮滚过横板的中点并推开压板时，横板在储能弹簧的作用下，迅速顺时针转动，从而使常闭触头迅速断开，常开触头迅速闭合，当撞块离开滚轮时，在复位弹簧的作用下，触头恢复。

双滚轮非自动复位式行程开关摆杆的上部是V字形，其上装有两个滚轮，内部没有复位弹簧，其他结构与单滚轮自动复位行程开关一样。

（3）微动式行程开关

微动式行程开关外形和结构如图2-23所示。微动式行程开关工作原理：撞块压动推杆使片状弹簧变形，从而使触头动作；当撞块离开推杆后，片状弹簧恢复原状，触头复位。

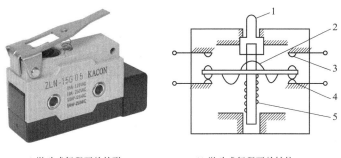

a）微动式行程开关外形　　b）微动式行程开关结构

图2-23　微动式行程开关外形和结构

1-推杆；2-片状弹簧；3-常开触头；4-常闭触头；5-复位弹簧

行程开关检测

微动式行程开关具有体积小、重量轻、动作灵敏的特点，适用于行程控制要求较精确的场合。但由于推杆允许的行程小，结构强度不高，因此使用时必须从对推杆的最大行程加以限制，以免压坏开关。

2. 行程开关的技术参数

行程开关的主要技术参数有额定电压、额定电流、触头换接时间、动作力、动作角度或工作行程、触头数量、结构形式和操作频率等。

3. 行程开关的安装和使用

（1）应根据使用场合、控制对象来确定行程开关的种类、结构形式、防护形式等，根据控制回路的额定电压和额定电流选择行程开关的电气参数；根据行程开关的传导力矩与位移关系选择操作头的形式。

（2）安装行程开关时，要求安装位置准确，固定牢靠。安装滚轮式行程开关时，应注意滚轮的方向，不能接反。与撞块碰撞的位置应符合控制电路的要求，并确保能与撞块可靠碰撞。

（3）在使用过程中，应经常检查行程开关的动作是否灵活或可靠，螺钉有无松动现象，发现故障要及时排除。

（4）应定期清理行程开关的触头，清除污垢灰尘，及时更换磨损的零部件，以免发生误动作而引起事故的发生。

(5)在碰撞力度较大的线路中,对于行程开关应定期予以更换,确保人身安全和设备的正常运转。

4. 行程开关常见故障与处理方法

行程开关常见故障与处理方法见表2-11。

行程开关常见故障与处理方法　　　　　表2-11

故障现象	故障原因	处理方法
撞块碰撞开关,触头不动作	(1)行程开关安装位置不当	调整安装位置
	(2)触头接触不良或接线松动	清洁触头表面或紧固接线
	(3)弹簧失效	调整或更换弹簧
行程开关复位后,触头不能复位	(1)复位弹簧失效	调整或更换弹簧
	(2)摆杆被卡住	查明原因,排除卡阻
	(3)触头偏斜或脱落	重新调整触头
摆杆偏转后触头未动作	(1)机械卡阻	查明原因,排除卡阻
	(2)行程开关位置太低	调整行程开关位置

(三)万能转换开关

1. 万能转换开关的结构

万能转换开关是由多组相同结构的触头组件叠装而成的多挡位、多段式、控制多回路的主令电器。万能转换开关主要用于各种控制线路的转换、电压表、电流表的换相测量控制、配电装置线路的转换和遥控等。此外,万能转换开关还可以用于直接控制小容量电动机的起动、调速和换向。万能转换开关具有体积小、功能多、结构紧凑、转换操作灵活等特点。

万能转换开关由转轴、凸轮、触头、定位机构、螺杆和手柄等部件组成。其中,触头是在绝缘基座内,为双断点触头桥式结构,动触头为自动调整式以保证通断时的同步性,静触头装在触头座内。使用时转动手柄,通过转轴和凸轮推动触头接通或断开,当手柄处在不同位置时,触头的接触情况不同,从而达到转换电路的目的。

万能转换开关的外形和符号如图2-24所示。图2-24b)所示的图形符号中"第一横线"代表一对触头,而用三条竖线分别代表手柄位置,哪一对触头接通就在代表该位置虚线上的触头下面用黑点"·"表示。触头接通表中,"×"表示触头闭合,空白表示触头断开。

2. 万能转换开关的安装和使用

万能转换开关应根据用途、接线方式、所需触头对数、额定电流等来选择。在安装和使用万能转换开关时,应注意以下事项:

(1)安装前,应清除开关内部灰尘,并转动手柄检查其运动部分是否灵活。

(2)安装时,万能转换开关应与其他电器元件或机床的金属部件保留一定间隙,以免在通断过程中因电弧喷出而发生短路故障。

(3)万能转换开关一般水平安装在平板上,安装要牢固。

(4)万能转换开关用于控制电动机的正反转时需要在电动机停止后才能反向启动。

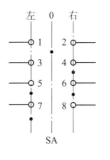

a) 外形　　　　　　　b) 图形符号和文字符号　　　　c) 触头接通表

图2-24　万能转换开关

(5) 万能转换开关本身不带保护,必须与其他电器配合使用。

(6) 当万能转换开关有故障时,应先切断电路再检查相关部件。

3. 万能转换开关常见故障与处理方法

万能转换开关常见故障与处理方法见表2-12。

组合开关常见故障与处理方法　　　　　　　表2-12

故障现象	故障原因	处理方法
开关烧毁	(1) 开关型号不对	更换符合电路要求的开关
	(2) 电路负荷过大	选用容量大的开关或减轻负荷
动、静触头被烧蚀	(1) 负荷过大	选用容量大的开关或减轻负荷
	(2) 动、静触头接触不良	可用细砂布修磨触头,然后调整动、静触头使接触良好;若触头无法修复,更换触头
	(3) 负荷短路且负荷无保护	排除短路故障;负荷电路装设保护设备
内部短路	(1) 严重受潮、被水淋或使用环境中有导电介质	改善使用环境
	(2) 内部机构松动	紧固松动部分
	(3) 接线错误	更正接线

(四) 接近开关

接近开关,又称无触头接近开关,是一种无须与运动部件进行直接接触就可以发出电气指令、准确反应出运动机构的位置和行程的位置开关。接近开关是一种开关型传感器,它既有行程开关、微动开关的特性,又具有传感器的性能,具有动作可靠,性能稳定,频率响应快、使用寿命长,抗干扰能力强,防水、防震、耐腐蚀等特点。接近开关广泛应用于机床、冶金、化工、轨道交通等行业,在自动控制系统中用来实现限位、计数、定位控制和自动保护等。

1. 接近开关的分类

按外观形状分类,接近开关可分为方形接近开关、圆柱形接近开关、槽型接近开关、穿孔型接近开关和分离式接近开关。按照工作原理分类,接近开关可分为无源接近开关、涡流式接近开关、电容式接近开关、霍尔接近开关、光电式接近开关、超声波接近开关等。接近开关符号如图2-25所示。下面我们主要介绍无源接近开关、涡流式接近开关、电容式接近开关、霍尔接近开关、光电式接近开关。

(1) 无源接近开关

无源接近开关不需要电源,通过磁力感应控制开关的闭合状态。当磁或者金属触发器靠近开关磁场时与开关内部磁力相互作用,控制开关闭合。无源接近开关如图2-26所示。

(2) 涡流式接近开关

涡流式接近开关,也叫电感式接近开关,它是利用导电物体在接近接近开关时,使物体内部产生涡流,而涡流又反作用到接近开关,使开关内部电路参数发生变化,由此识别出有无导电物体接近,进而控制开关的接通或断开。这种接近开关所能检测的物体必须是导电体。涡流式接近开关如图2-27所示。

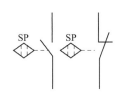
图2-25 接近开关符号

图2-26 无源接近开关

图2-27 涡流式接近开关

(3) 电容式接近开关

电容式接近开关的测量头是电容器的一个极板,开关的外壳构成另一个极板。当任何物体接近接近开关时,使电容的介电常数发生变化,从而使电容量发生变化,使得和测量头相连的电路状态也随之发生变化,从而控制开关的接通或断开。电容式接近开关如图2-28所示。

(4) 霍尔接近开关

当一块通有电流的金属或半导体薄片垂直地放在磁场中时,薄片的两端就会产生电位差,这种现象就称为霍尔效应。霍尔元件是应用霍尔效应制成的半导体。利用霍尔元件做成的开关叫作霍尔开关。当磁性物体接近霍尔开关时,霍尔元件因产生霍尔效应而使开关内部电路状态发生变化,由此识别附近有磁性物体存在,进而控制开关的接通或断开。霍尔接近开关的检测对象必须是磁性物体。霍尔接近开关如图2-29所示。

(5) 光电式接近开关

光电式接近开关是利用光电效应做成的开关,将发光器件与受光器件按一定方向装在同一个检测头内。当有能反射光线的物体接近时,受光器件接收到反射光后,因光电效应产生的光电流由受光器输出端引出,由此便可"感知"有物体接近。光电式接近开关如图2-30所示。

图2-28 电容式接近开关

图2-29 霍尔接近开关

图2-30 光电式接近开关

(6）其他形式的接近开关

当波源的距离发生改变时，系统对接近到的波的频率会发生偏移，这种现象称为多普勒效应。利用多普勒效应可制成超声波接近开关、微波接近开关等。当有物体移近时，接近开关接收到的反射信号会产生多普勒频移，由此可以检测出有无物体接近。

2. 接近开关的选用

选用接近开关时应注意对工作电压、负载电流、响应频率、检测距离等各项指标的要求。对于不同材质的检测对象和不同的检测距离，应选用不同类型的接近开关，以使其在系统中具有高的性价比，因此在选用接近开关时应遵循以下原则：

（1）在一般的工业生产场所，通常选用对环境条件要求较低的涡流式接近开关和电容式接近开关。

（2）当检测对象是导电物体或可以固定在金属材料上的物体时，一般选用涡流式接近开关，因为涡流式接近开关响应频率高、抗干扰性能好、应用范围广、价格较低。

（3）当检测对象是非金属材料时，应选用电容式接近开关。电容式接近开关响应频率低，稳定性好。

（4）当检测对象为导磁材料时，应选用霍尔接近开关。

（5）在环境条件比较好、无粉尘污染的场合，可采用光电接近开关。光电接近开关工作时对被测对象几乎无任何影响。

（6）在检测可靠性高的场合，可以将几种类型的接近开关复合使用。

知识单元 2-3 变 压 器

一、变压器基础

变压器是一种静止的交流电气设备，它利用电磁感应原理，将一种等级的交流电压和电流转变成同频率的另一种等级的交流电压和电流。变压器对电能的经济传输、灵活分配和安全使用具有重要的意义。同时，变压器在电气测试、控制和特殊用电设备上也有广泛的应用。

(一) 变压器的分类

变压器的种类很多，可按其用途、相数、铁芯结构、调压方式、绕组个数、冷却方式、容量等来进行分类。

1. 按用途分类

变压器按用途可分为普通电力变压器和特种变压器。其中，普通电力变压器有配电变压器、输电变压器等，特种变压器有试验变压器、电炉变压器、整流变压器、电焊变压器、各类调压器等。

2. 按相数分类

变压器按相数可分为单相变压器、三相变压器和多相变压器。我国电力系统中用的电力变压器大多为三相变压器。

3. 按铁芯结构分类

变压器按铁芯结构可分为芯式变压器和壳式变压器。

4. 按调压方式分类

变压器按调压方式可分为无载调压变压器和有载调压变压器。无载调压变压器必须在停电的情况下才能进行分接头的切换，其调压装置结构较为简单。有载调压变压器则可以在不停电的情况下实现分接头的切换，其调压装置结构相对复杂，造价高，对检修维护的要求也较高。

5. 按绕组个数分类

变压器按绕组个数可分为双绕组变压器、三绕组变压器、自耦变压器和多绕组变压器。

6. 按冷却方式分类

变压器按冷却方式可分为油浸式变压器、干式变压器和气体绝缘式变压器等。其中，油浸式变压器又分为油浸自冷式变压器、油浸风冷式变压器、油浸水冷式变压器和强迫油循环冷却式变压器等。油浸式变压器具有散热好、损耗低、容量大、价格低等优点，应用较为广泛。

7. 按容量大小分类

变压器按容量大小可分为小型变压器、中型变压器、大型变压器和特大型变压器。小型变压器容量在 10~630kVA，中型变压器容量在 800~6300kVA，大型变压器容量在 8000~63000kVA、特大型变压器容量在 90000kVA 以上。

(二) 变压器的结构

变压器的主要结构包括铁芯和绕组，为了改善散热条件，大、中容量的电力变压器的铁芯和绕组浸入盛满变压器油的封闭油箱中，各绕组对外线路的连接由绝缘套管引出。为了使变压器安全、可靠地运行，还设有储油柜、安全气道和气体继电器、测温装置等附件。图 2-31 和图 2-32 分别为储油柜式变压器和波纹片式变压器。

1. 变压器铁芯

变压器的铁芯既是磁路，也是套装绕组、支撑变压器的骨架。为了提高磁路的导磁性能，减小铁芯中的磁滞、涡流损耗，变压器铁芯采用厚 0.35~0.5mm、表面涂绝缘漆的硅钢片叠装而成。目前变压器铁芯主要采用晶粒取向冷轧硅钢片，其特点是导磁性好，铁耗小。变压器的铁芯分为铁芯柱和横片两部分，铁芯柱上套装绕组，横片用来闭合磁路。

电力变压器的铁芯主要有心式结构和壳式结构。心式结构的铁芯铁轭靠着绕组的顶面和底面，而不包围绕组侧面，绕组的装配及绝缘较为容易。国产的变压器大多采用心式结构。壳式结构的铁芯铁轭不仅包围顶面和底面，而且包围绕组的侧面。这种结构的特点是机械强度较好，但制造工艺复杂，使用材料较多。

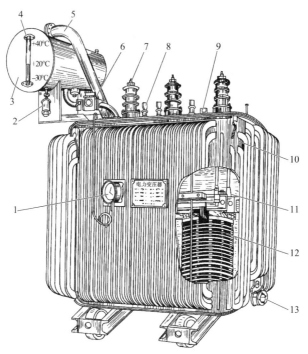

图 2-31 储油柜式变压器

1-温度计;2-吸湿器;3-储油柜;4-油表;5-安全气道;6-气体继电器;7-高压套管;8-低压套管;9-分接开关;
10-油箱;11-铁芯;12-线圈;13-放油阀门

图 2-32 波纹片式变压器

1-气体继电器;2-吊攀;3-高压套管;4-低压套管;5-盘形分接开关;6-温度计座;7-油位计;
8-油箱(铁芯和绕组在油箱内);9-波纹片

2. 变压器绕组

变压器绕组是变压器的电路部分,小容量变压器一般用具涂有绝缘漆的铜线绕制而成,容量稍大的变压器则用扁铜线绕制。变压器绕组分为原边绕组和副边绕组。接入电能的一端为原边绕组,又称为一次绕组,输出电能的一端为副边绕组,又称为二次绕组。一、二次绕组中,电压高的一端称高压绕组,电压低的一端称低压绕组。高压绕组匝数多,导线细;低压绕组匝数少,导线粗。

变压器绕组有同心式和交叠式两种形式,我国自主生产的变压器大部分采用同心式绕组,即高、低压绕组同心地套装在铁芯柱上。为了便于绝缘和散热,低压绕组套装在里面,高压绕组套装在外面,两个绕组之间留有油道。交叠式绕组则是高、低压绕组互相交叠放置,为便于绝缘,最上、最下两组为低压绕组。

3. 变压器的其他结构

(1) 油箱

油浸式变压器的外壳就是油箱,油箱里装满了变压器油,它既是绝缘介质又是冷却介质。变压器油具有高的介质强度和较低的黏度,高的发火点和低的凝固点,不含酸、碱、硫、灰尘和水分等杂质。油箱可以保护变压器的铁芯和绕组不受外力作用和潮湿的侵蚀,并通过油的对流作用,把铁芯和绕组产生的热量散发到周围的空气中去。

(2) 储油柜

储油柜是一个圆筒形容器,装在油箱上,通过管道与油箱相连,使变压器油刚好充满到储油柜容积的1/2。油面的升降被限制在储油柜中,可以从侧面的油表中看到油面的高低。当油因热胀冷缩而引起油面变化时,储油柜中的油面就会随之升降,从而保证油箱不会被挤破或防止因油面下降使空气进入油箱。

(3) 呼吸器

呼吸器是内部装有硅胶的干燥器,与油枕连通,为了使潮气不能进入油枕导致油劣化。

(4) 散热器

散热器又称冷却器,当变压器上层油与下层油产生温差时,通过冷却器形成油温对流,经冷却器冷却后流回油箱,起到降低变压器温度的作用。

(5) 绝缘套管

绝缘套管一般是陶瓷的,其结构取决于电压等级。1kV 以下采用实心磁套管,10~35kV 采用空心充气或充油式套管,110kV 及以上采用电容式套管。为了增大外表面放电距离,套管外形做成多级伞形裙边,电压等级越高,级数越多,目的是使绕组引出线与油箱绝缘。

(6) 分接开关

一般从变压器的高压绕组引出若干抽头,称为分接头,用以切换分接头的装置称为分接开关。分接开关分为无载调压和有载调压两种。无载调压必须在变压器停电的情况下切换;有载调压可以在变压器带负载情况下进行切换。分接开关安装在油箱内,其控制箱在油箱外,有载调压分接开关内的变压器油是完全独立的,也有配套的油箱、气体继电器、呼吸器。

(7) 压力释放阀

设置压力释放阀是为了防止变压器内部发生严重故障产生大量气体而引起变压器发生爆炸。

(8) 气体继电器

气体继电器是变压器的一种保护装置,安装在油箱与储油柜的连接管道中,当变压器内部发生故障时(如绝缘击穿、匝间短路、铁芯事故、油箱漏油使油面下降较多等)产生的气体和油流,迫使气体继电器动作。轻者发出信号,以便运行人员及时处理。重者使断路器跳闸，以保护变压器。

（三）变压器的工作原理

变压器是通过绕组间的电磁感应，利用电磁感应定律，实现电压、电流和阻抗的变换。

如图 2-33 所示，当一次绕组接入交流电源，在外施电压作用下，原一次绕组中产生交流电流，并在变电器铁芯中产生交变磁通，根据电磁感应定律，一、二次绕组分别产生感应电动势：

$$e_1 = -N_1 \frac{\mathrm{d}\varPhi}{\mathrm{d}t} \tag{2-1}$$

$$e_2 = -N_2 \frac{\mathrm{d}\varPhi}{\mathrm{d}t} \tag{2-2}$$

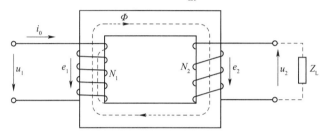

图 2-33 变压器原理图

二次绕组便有了电动势向负载供电，实现了能量传递，这就是变压器的基本工作原理。根据式（2-1）和式（2-2），则有：

$$\frac{u_1}{u_2} \approx \frac{e_1}{e_2} = \frac{N_1}{N_2} = k \tag{2-3}$$

式中：k——一、二次绕组的感应电动势之比，也就是它们的匝数之比。

改变一、二次绕组的匝数，就可以改变输出电压。当 $k=1$ 时，构成隔离变压器；当 $k<1$ 时，构成升压变压器；当 $k>1$ 时，构成降压变压器。

（四）变压器的铭牌和额定值

为了使变压器安全、经济、可靠地运行，每一台变压器都安装铭牌，铭牌上标明了变压器的型号、额定容量、电压等级、冷却方式等内容。只有理解铭牌上的各种数据的含义，才能正确、安全地使用变压器。图 2-34 为某厂干式变压器铭牌。

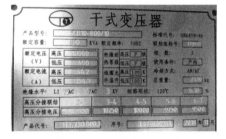

图 2-34 某厂干式变压器铭牌

1. 变压器的型号

变压器的型号由字母和数字表示，各字母的含义如下：

第一个字母表示绕组耦合方式：独立式绕组（不标），O 为自耦式；

第二个字母表示相数：D 为单相，S 为三相；

第三个字母表示绕组外绝缘介质：没有标注表明绝缘介质为变压器油，G 为空气绝缘，Q

为气体绝缘,C 为成型固体浇注式,CR 为包绕式,R 为难燃液体;

第四个字母表示冷却装置种类:自然循环冷却装置(不标),F 为风冷却器,S 为水冷却器;

第五个字母表示油循环方式:自然循环(不标),P 为强迫油循环;

第六个字母表示绕组数:双绕组(不标),S 为三绕组,F 为双分裂绕组;

第七个字母表示调压方式:无励磁调压(不标),Z 为有载调压;

第八个字母表示绕组导线材质:铜(不标),B 为铜箔,L 为铝,LB 为铝箔;

第九个字母表示铁芯材质:电工钢片(不标),H 为非晶合金;

第十个字母表示特殊用途或特殊结构:M 为密封式,C 为串联用,Q 为配动用,B 为防雷保护用,T 为调容用,K 为高阻抗,QY 为地面站牵引用,Z 为低噪音用,L 为电缆引出,G 为隔离用,RB 为电容补偿用,Y 为油田动力照明用,CY 为厂用变压器,J 为全绝缘,LC 为同步电动机励磁用。

数字一般由两部分组成:第一个表示变压器容量,第二个表示变压器使用电压等级。

例如,型号为 SCB10-1000kVA/10kV/0.4kV 的变压器为三相固体浇注式变压器,箔式绕组,此台变压器的额定容量为 1000kVA,一次额定电压为 10kV,二次额定电压为 0.4kV。

2. 变压器的冷却方式

变压器的冷却方式用 4 个字母表示:

第一个字母表示与绕组接触的内部冷却介质:O 为矿物油或燃点不高于 300℃ 的合成绝缘液体,K 为燃点不高于 300℃ 的绝缘液体,L 为燃点不可测出的绝缘液体。

第二个字母表示内部冷却介质收循环方式:N 为流经冷却设备和绕组内部的油流是自然的热对流循环;F 为冷却设备中的油流是强迫循环,流经绕组内部的油流是热对流循环;D 为冷却设备中的油流是强迫循环,在主要绕组内的油流是强迫导向循环。

第三个字母表示外部冷却介质:A 为空气,W 为水。

第四个字母表示外部冷却介质的循环方式:N 为自然对流,F 为强迫循环(风扇、泵等)。

3. 变压器的绝缘等级

绝缘等级是指变压器绕组的绝缘材料的耐热等级。变压器中常用的绝缘材料等级有 A、E、B、F、H 五种,每一等级的绝缘材料都有相应的极限允许工作温度,见表 2-13。

绝缘材料耐热等级 表 2-13

绝缘等级	A	E	B	F	H
最高允许温度(℃)	105	120	130	155	180
绕组温升限值(℃)	60	75	80	100	125
性能参考温度(℃)	80	95	100	120	145

4. 变压器的绝缘水平

变压器的绝缘水平也称绝缘强度,是与保护水平以及其他绝缘部分相配合的水平,即耐受电压值。变压器的绝缘水平是按高压、中压、低压绕组的顺序列出耐受电压值来表示的,其间用斜线分隔开。分级绝缘的中性点绝缘水平加横线列于其线端绝缘水平之后。例如，某 220kV 变压器绝缘水平为 LI850AC360-LI400AC200/LI480AC200-LI250AC95/LI75AC35，其含义为：LI850AC360-LI400AC200 为高压侧引线端雷电冲击耐受电压是 850kV，工频耐受电压是 360kV，高压侧中性点引线端雷电冲击耐受电压是 400kV，工频耐受电压是 200kV；LI480AC200-LI250AC95 为中压侧引线端雷电冲击耐受电压是 480kV，工频耐受电压是 200kV，中压侧中性点引线端雷电冲击耐受电压是 250kV，工频耐受电压是 95kV；LI75AC35 为低压侧引线端雷电冲击耐受电压是 75kV，工频耐受电压是 35kV。

5. 短路阻抗

短路阻抗也叫作阻抗电压，是变压器特性中重要的技术参数之一。短路阻抗是指将变压器高压侧短路，低压侧从零开逐渐施加电压，当低压侧电流为额定电流时，低压侧所加电压与额定电压之比的百分数。

6. 变压器的联接组别

变压器的联接组别是指变压器原边绕组和副边绕组组合接线的形式。变压器的联接组别由字母和数字两部分组成，字母自左向右依次表示原边、副边绕组的连接方法，数字可以是 0~11 范围内的整数，代表副边绕组线电压与原边绕组线电压相位的大小，该数字乘以 30°即为副边绕组线电压滞后于原边绕组线电压相位的角度数。

在变压器的联接组别中"D"表示为三角形连接，"Yn"表示为星形带中性线连接，Y 表示星形，n 表示带中性线。如，联接组别为"Dyn11"的变压器，原边侧绕组为三角形连接，副边绕组为星形带中性线连接变压器副边绕组线电压滞后原边绕组线电压 330°。

7. 变压器的额定值

变压器的额定值表示变压器在额定运行情况下各物理量的数值。变压器的额定值主要包括：

(1) 额定容量 S_N：变压器在额定使用条件下所输出的视在功率。

(2) 原边额定电压 U_{1N}：正常运行时规定加在一次绕组的端电压。对于三相变压器，额定电压为线电压。

(3) 副边额定电压 U_{2N}：一次绕组加额定电压，二次绕组空载时的端电压。

(4) 原边额定电流 I_{1N}：变压器额定容量下原边绕组允许长期通过的电流。对于三相变压器，I_{1N} 为原边额定线电流。

(5) 副边额定电流 I_{2N}：变压器额定容量下原边绕组允许长期通过的电流。对于三相变压器，I_{2N} 为副边额定线电流。

(6) 额定频率 f_N：变压器在额定运行情况下电压或电流的频率，我国工频电为 50Hz。

二、仪用变压器

仪用变压器一般是指互感器。常用的互感器主要有电压互感器和电流互感器两种。在供配电系统中，大电流、高电压有时不能直接用电流表和电压表来测量，必须通过互感器按比例减小后测量。互感器的内部结构和变压器类似，运行原理与变压器一样。

(一)电压互感器

电压互感器实际上是一个降压变压器,它的一次绕组匝数很多,二次绕组匝数很少,一次绕组并接在电网系统中,二次绕组可并接仪表、继电器的线圈等负载,由于这些负荷的阻抗较大,通过的电流很小,因此在测量高压线路上的电压时,尽管一次电压很高,但二次电压却很低,可以确保操作人员和仪表的安全。电压互感器原理图如图2-35所示。

电压互感器使用注意事项:

(1)电压互感器在投入运行前要按照规定的相关项目进行试验检查,例如,判断极性、连接组别、检测绝缘情况等。

(2)电压互感器的接线要正确无误,一次绕组和被测电路并联,二次绕组应和所接的测量仪表、继电保护装置或自动装置的线圈并联,同时要注意极性的正确性。

(3)接在电压互感器二次绕组负荷的容量应与电压互感器相匹配。

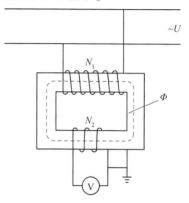

图2-35 电压互感器原理图

(4)电压互感器二次绕组不允许短路。由于电压互感器内阻抗很小,二次回路短路时,会出现很大的电流,将损坏二次设备甚至危及人身安全。

(5)为了确保人身安全,在接触测量仪表和继电器时电压互感器二次绕组必须进行接地。

(二)电流互感器

电流互感器是依据电磁感应原理将一次绕组大电流转换成二次绕组小电流来测量的仪器。电流互感器主要由闭合的铁芯和绕组组成。电流互感器的一次绕组匝数很少,串在需要测量电流的线路中;二次绕组匝数比较多,串接在测量仪表或保护回路中。电流互感器在工作时,二次回路始终是闭合的,因此测量仪表和保护回路串联线圈的阻抗很小,电流互感器的工作状态接近短路。电流互感器就起到电流变换和电气隔离作用。电流互感器原理图如图2-36所示。

在实际工作中,为了方便在带电现场检测线路中的电流,工程上常采用一种钳形电流表。钳形电流表如图2-37所示。钳形电流表的工作原理和电流互感器相同,使用时压动活动手柄,铁芯像一把钳子可以张合,被测载流导线是一次绕组,穿过铁芯。借助电磁感应作用,由二次绕组所接的电流表直接读出被测导线中电流的大小。

电流互感器使用注意事项:

(1)选用电流互感器时,应按被测电流大小选择合适的变比,避免引起较大误差。

(2)使用电流互感器时,应与电路串联连接,即一次绕阻应与被测电路串联,二次绕阻与所有仪表负载串联。

(3)电流互感器的二次绕组绝对不允许开路,因为二次绕组的开路电压高达几百伏,人一旦触及将造成触电事故。

(4)为了防止支柱式电流互感器套管闪络造成母线故障,电流互感器通常布置在断路器的出线或变压器侧。

（5）发电机内部故障时为了减轻损伤,用于自动调节励磁装置的电流互感器应布置在发电机定子绕组的出线侧。

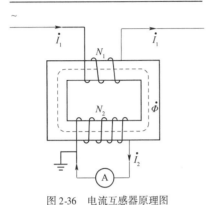

图2-36 电流互感器原理图

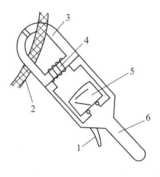

图2-37 钳形电流表
1-活动手柄;2-被测导线;3-铁芯;
4-二次绕组;5-表头;6-手柄

三、变压器的巡视与检修

(一) 变压器的巡视

变压器的巡视应符合下列规定：

（1）日常巡视应每天至少一次,夜间巡视应每周至少一次。

（2）下列情况应增加巡视检查次数：

①首次投运或检修、改造后投运72h内。

②气象突变(如雷雨、大风、大雾、大雪、冰雹、寒潮等)时。

③高温季节、高峰负载期间。

④变压器过载运行时。

变压器巡视的内容主要包括：

（1）检查储油柜和充油绝缘管内油面高度,检查充油绝缘管有无破损裂纹、漏油,观察油标管内的油色。

（2）观察变压器上层油温是否超过规定值。

（3）听变压器音响是否正常。

（4）散热器各部位手感温度应相近,散热器工作应正常。

（5）吸湿器应完好,吸附剂应干燥。

（6）引线接头、电缆、母线应无发热迹象。

（7）压力释放器、安全气道及防爆膜应完好无损。

（8）分接开关的分接位置及电源指示应正常。

（9）气体继电器内应无气体。

(10)各控制箱和二端子箱应关严,无受潮。

(11)变压器室不漏水,门、窗、照明应完好,通风良好,温度正常。

(二)变压器的检修

1. 检修周期

(1)大修周期

①变电所新投入的主变压器在投入运行的第5年和以后的每隔3~5年应大修1次。

②承受过正常过负荷和事故过负荷运行的变压器,应提前进行大修。

③运行中的变压器,当发现异常状况或经试验判明内部有故障时,应提前进行大修。

④承受过出口短路的变压器,应视情况提前进行大修。

(2)小修周期

变压器小修每年不得少于1次。

2. 变压器的检修内容

(1)大修项目

①检查和清扫变压器外壳,包括本体、大盖、衬垫、油枕、散热器、阀门、防爆装置和滚轮等,消除渗油、漏油现象。

②检查和清扫油再生装置,更换吸潮剂。

③对变压器油进行化验或色谱分析,根据油质情况过滤或更换变压器油。

④检查铁芯紧固、铁芯接地及穿芯螺栓、轭梁的绝缘情况。

⑤检查清理绕组、绕组压紧装置、垫块、引线、各部螺栓、油路、接线板等。

⑥清理油箱内部。

⑦更换密封衬垫。

⑧绝缘受潮绕组的干燥处理。

⑨检查并修理无载分接头切换装置,包括附加电抗器、动静触头及传动机构。

⑩检查并清扫套管;检查充油式套管的油质情况。

⑪校验及调整温度表。

⑫检查并清扫呼吸装置,更换吸潮剂。

⑬检查并清洁油标。

⑭检查及校验测量装置、保护装置、控制、信号回路等。

⑮检查接地装置。

⑯室外变压器外壳及附件的除锈、刷漆。

⑰电气性能试验按现行《电力设备预防性试验规程》(DL/T 596)规定的要求进行。

(2)小修项目

①消除已发现的缺陷。

②检查并拧紧套管引出线的接头。

③检查并清扫套管瓷绝缘表面,检查套管密封情况。

④检查并清扫油标。

⑤检查变压器油再生装置及排油阀门。
⑥检查散热器、油枕、瓦斯继电器、呼吸装置及防爆装置。
⑦充油套管及本体补充变压器油。
⑧外壳及附件的除锈、刷漆。
⑨测量装置、保护装置及控制、信号回路的检查、校验。
⑩电气性能试验按现行《电力设备预防性试验规程》(DL/T 596)规定的要求进行。

四、变压器常见故障与处理方法

变压器在运行中常见的故障与处理方法见表2-14。

变压器常见故障与处理方法　　　　表2-14

故障现象	故障原因	处理方法
变压器运行声音异常	(1)过负荷引起沉闷的"嗡嗡"声或负荷变化较大而瞬间发出"哇哇"声	减轻负荷
	(2)部分零件松动掉落在铁芯上而发出"叮叮当当"的敲击声	停止变压器运行,进行检查排除
	(3)变压器绕组匝间短路引起"咕噜咕噜"的沸水声	停止变压器运行,进行检查排除
	(4)内部接触不良或绝缘击穿而发出"噼啪"或"吱吱"的声音	停止变压器运行,进行检查排除
	(5)变压器高压套管脏污发出"嘶嘶"或"咻咻"的声音	应清理套管表面的脏污,再涂上硅油或硅脂等涂料
	(6)外部线路断线或短路而发出"唧哇唧哇"的响声	停止变压器运行,进行检查排除
	(7)变压器低压线路发生接地或出现短路事故而发出"轰轰"的声音	停止变压器运行,进行检查排除
	(8)变压器某些部件因铁芯振动而造成机械接触而发出连续的、有规律的撞击或摩擦声	不影响运行的情况下可在计划检修时予以排除
变压器温度异常	(1)变压器绕组局部层间或匝间的短路	停止变压器运行,进行检修
	(2)内部接点故障导致接触电阻加大	停止变压器运行,进行检修
	(3)二次线路上有大电阻短路	停止变压器运行,进行检修
	(4)变压器铁芯局部短路、夹紧铁芯用的穿芯螺栓绝缘损坏	停止变压器运行,进行检修
	(5)因漏磁或涡流引起油箱、箱盖等发热	停止变压器运行,进行检修
	(6)长期过负荷运行	减轻负荷
	(7)散热条件恶化	改善散热条件

续上表

故障现象	故障原因	处理方法
油枕或防爆管喷油爆炸	(1)绝缘损坏导致内部短路致使箱体内压力较大	停止变压器运行,进行检修
	(2)绕组导线在大电流冲击下造成断线,断点处产生高温电弧,使油气化促使内部压力增高	停止变压器运行,进行检修
油色显著变化和严重漏油	(1)绝缘油在运行时可能与空气接触	应及时更换变压器油
	(2)变压器焊缝开裂或密封件失效或油箱锈蚀严重而破损	若漏油不严重且油位在规定的范围,可继续运行或安排计划检修;若漏油严重应立即停止运行,补漏和加油
绝缘瓷套管出现闪络和爆炸	(1)套管密封不严导致进水或受潮	及时更换套管
	(2)套管绝缘分层间隙存在内部形成的游离放电	及时更换套管
	(3)套管表面积垢严重	定期清除灰尘
	(4)套管上有较大的碎片和裂纹	及时更换套管
分接开关故障	(1)分接开关触头弹簧压力不足,使分接开关接触不良,严重时致使分接开关烧毁	调整弹簧压力,必要时及时更换分接开关
	(2)分头位置切换错误引起开关烧坏	应及时更换分接开关
	(3)相间距离不够,或绝缘材料性能降低而短路烧毁	应及时更换分接开关
变压器着火	(1)套管破损和闪络,油溢出后在顶部燃烧	给变压器停电,打开变压器下部放油阀放油,使油面低于着火处,并用 CO_2 灭火器、1211 灭火器给变压器灭火
	(2)变压器内部故障,外壳或散热器破裂,使燃烧的油溢出	给变压器停电,用 CO_2 灭火器、1211 灭火器给变压器灭火

知识单元 2-4 电 动 机

电动机是把电能转换成机械能的一种电磁设备。它是利用通电线圈产生旋转磁场并作用于转子而形成磁电动力旋转扭矩。

按运动形式电动机分为旋转电动机和直线电动机。按工作电源种类不同,电动机分为直流电动机和交流电动机。其中,直流电动机按结构及工作原理分为无刷直流电动机和有刷直流电动机。有刷直流电动机又包括电磁直流电动机和永磁直流电动机。电磁直流电动机又分为串励直流电动机、并励直流电动机、他励直流电动机和复励直流电动机,永磁直流电动机又分为稀土永磁直流电动机、铁氧体永磁直流电动机和铝镍钴永磁直流电动机。

交流电动机按结构和工作原理分为同步电动机和异步电动机。其中,同步电动机分为永磁同步电动机、磁阻同步电动机和磁滞同步电动机。异步电动机分为感应电动机和交流换向器电动机。感应电动机又分为三相异步电动机、单相异步电动机和罩极异步电动机等。按转子的结构,交流电动机又分为笼型感应电动机和绕线转子感应电动机。

一、直流电动机

(一) 直流电动机结构

直流电动机主要由静止的定子、可以转动的转子及其他附件组成,其结构图如图2-38所示。

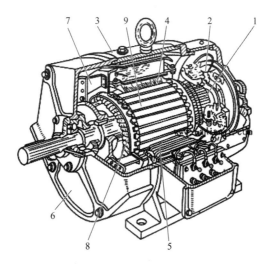

图 2-38 直流电动机结构图

1-换向器;2-电刷装置;3-机座;4-主磁极;5-换向极;6-端盖;7-风扇;8-电枢绕组;9-电枢铁芯

1. 定子部分

直流电动机定子部分主要包括机座、主磁极、换向器、端盖和电刷装置等,如图2-39所示。直流电动机定子主要作用是产生主磁场和支撑电动机。

(1) 机座

机座一般用导磁性能较好的铸钢件或钢板焊接而成,也可直接用无缝钢管加工而成,如图2-40所示。机座有两方面的作用:一方面用来固定主磁极、换向极和端盖等,另一方面作为电动机磁路的一部分,又称为磁轭。

(2) 主磁极

主磁极由主磁极铁芯和主磁极励磁绕组组成,如图2-41所示。主磁极成对出现,并按N极和S极交替排列。主磁极铁芯为电动机磁路的一部分,一般采用1~1.5mm厚的低碳钢板冲压后叠装制成,用铆钉铆紧成为一个整体,目的是减少涡流损耗。主磁极的作用是用来产生电动机工作的主磁场。

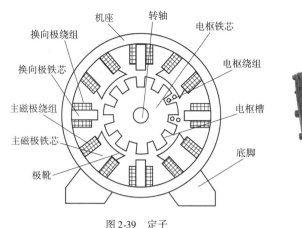

图 2-39 定子

图 2-40 机座

（3）换向极

换向极安装在两个主磁极之间，又称为附加磁极。换向极由换向极铁芯和换向极绕组组成，如图 2-42 所示。换向极铁芯常用整块钢或钢板制成。换向极绕组和主磁极绕组一起制作，套装在换向极铁芯上，最后固定在机座上。

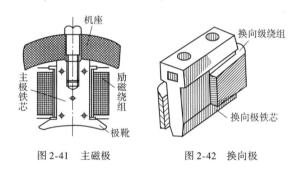

图 2-41 主磁极　　　　图 2-42 换向极

（4）端盖

机座两侧各有一个端盖。端盖的中心装有轴承，中小型电动机一般用滚动轴承，大型电动机用滑动轴承，且通常由座或轴承座直接支撑在底板上。

（5）电刷装置

电刷装置由电刷、刷握、刷杆、刷杆座和压力弹簧等组成，如图 2-43 所示。电刷一般是用石墨粉压制而成的导电块。电刷放置在刷盒内，用压力弹簧将它压紧在换向器上，刷握用螺钉夹紧在刷杆上，通过铜绞线把电流从电刷引到刷杆上，再将导线接到接线盒中的端子上。弹簧压力可以调节，以保证电刷与换向器表面良好的接触。电刷与刷握的配合应良好，防止过紧或太松。一般电刷组数等于主极对数，各电刷组经刷杆支臂装在一个可以调整位置的座圈上。转动座圈时，即可调整电刷杆在换向器表面上的相对位置。

2. 转子部分

直流电动机的转子又称为电枢，主要由电枢铁芯、电枢绕组、换向器、风扇和转轴等组成，如图 2-44 所示。电枢的作用是产生感应电动势和电磁转矩，是直流电动机实现能量转换的枢纽。

(1) 电枢铁芯

电枢铁芯是直流电动机主磁路的一部分,在铁芯槽中嵌放电枢绕组。铁芯通常用0.35~0.5mm厚涂绝缘漆的圆形硅钢片或冷轧硅钢片叠压而成,以减小损耗。铁芯外圆周上均匀地分布着槽,用以嵌放电枢绕组。转子铁芯如图2-45所示,轴向有轴孔和通风孔,以形成轴向风路。对较大功率的电动机,为加强冷却,常把电枢沿轴向分成若干段,各段间留出10mm左右的间隙,称为径向通风沟。这样电动机在运转时可形成径向风路,以降低绕组及铁芯的温升。

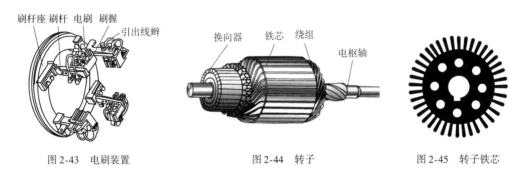

图2-43 电刷装置　　　图2-44 转子　　　图2-45 转子铁芯

(2) 电枢绕组

电枢绕组是直流电动机电路的主要组成部分,是电动机中重要的部件。电枢绕组由许多结构形状相同的绕组元件按一定的规律连接到相应的换向片上。电枢绕组元件,由一匝或多匝导线绕制成的、两端分别与两片换向片相连的线圈,是构成电枢绕组的基本单元,如图2-46所示。绕组导线截面积决定了其通过电流的大小,小型电动机常用带绝缘漆的圆导线,较大功率的电动机,一般用矩形截面的导线。它的作用是产生感应电动势和通过电流产生电磁转矩,实现电能与机械能的转换。

(3) 换向器

换向器是直流电动机中的重要部件之一,它由许多上宽下窄的冷拉梯形铜排叠成圆筒形,片间用0.6~1.6mm厚的云母作为绝缘层,如图2-47所示。换向器的作用是将电枢绕组中的交流电动势和电流转换成电刷间的直流电动势和电流,从而保证所有导体上产生的转矩方向一致。

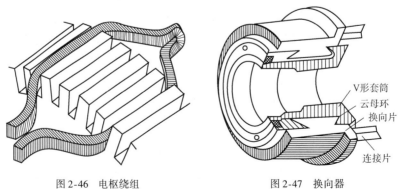

图2-46 电枢绕组　　　图2-47 换向器

(4)风扇

风扇是自冷式电动机中冷却气流的主要来源,它的作用是用来降低运行中电动机的温度。

(5)转轴

转轴是电枢主要支撑件,一般用合金钢锻压加工而成,目的就是保证电动机能可靠地运行,它的作用是用来传递转矩。

(二)直流电动机工作原理

直流电动机是通电导体在磁场中受力而运动的。图2-48所示为直流电动机的结构模型图。

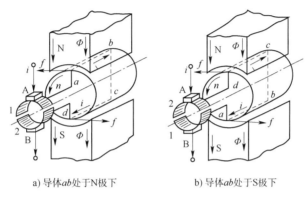

a) 导体ab处于N极下　　　b) 导体ab处于S极下

图2-48　直流电动机的结构模型图

N极和S极是固定不变的主磁极,abcd是一个安装在可以转动的圆柱体上的线圈,把线圈的两端分别接到两个半圆换向片上,线圈和两个换向片可以一齐转动。换向片上固定两个固定不动的电刷A和B。通过电刷A、B把外部静止的电源正、负极与旋转的电路相连接。图2-48a)所示,直流电流从电源的正极通过电刷A,换向片1、线圈ab边和cd边,最后经换向片2及电刷B回到电源的负极。

电磁力f的方向可应用左手定则来确定。线圈ab边的电流方向为由a到b;线圈cd边的电流方向为由c到d,其受力方向均为逆时针方向。在电磁转矩的作用下,电动机电枢克服由摩擦引起的阻碍转矩以及其他负载转矩就能按逆时针方向旋转。

由于换向器的作用,电枢转动以后,线圈ab边和cd边在磁场中交换位置,如图2-48b)所示,使与它们相连的电刷也同时改变,这样进入N极的导体电流方向总是流入的,进入S极的导体电流方向总是流出的,电动机电枢将沿着逆时针方向一直转动下去。

直流电动机的工作原理:直流电动机在外加电压的作用下,在导体中形成电流,载流导体在磁场中将受电磁力的作用,由于换向器的换向作用,导体进入异性磁极时,导体中的电流方向也相应改变,从而保证了电磁转矩的方向不变,使直流电动机能连续旋转,把直流电能转换成机械能输出。

(三)直流电动机的铭牌

电动机的铭牌记录着电动机的身份信息,主要包括电动机的型号、额定参数、出厂编号、出厂日期等。

1. 型号

直流电动机型的号由若干字母和数字所组成,用以表示电动机的系列和主要特点。例如,Z4-112/2-1,其中,Z 表示一般用途直流电动机;4 表示设计序号,代表第四次改型设计;112 表示机座中心高度;2 表示磁极数;1 为电枢铁芯长度序号。

2. 额定参数

额定参数是电动机制造厂对电动机正常运行时有关的电量或机械量所规定的数据。额定值是正确选择和合理使用电动机的依据。根据国家标准,电动机铭牌上所标的数据称为额定数据。

(1) 额定功率 P_N。电动机在额定情况下允许输出的功率。对于电动机是指轴上输出的机械功率。

(2) 额定电压 U_N。电动机在额定情况下,电刷两端输入的电压。

(3) 额定电流 I_N。电动机在额定情况下,电动机流入的电流。

(4) 额定转速 n_N。在额定功率、额定电压、额定电流下电动机的转速。

(5) 额定励磁电压 U_{fN}。电动机在额定情况下,励磁绕组所加的电压。

(6) 额定励磁电流 I_{fN}。电动机在额定情况下,通过励磁绕组的电流。

(四) 直流电动机常见故障与处理方法

直流电动机常见的故障与处理方法见表2-15。

直流电动机常见故障与处理方法　　　　表2-15

故障现象	故障原因	处理方法
电动机无法启动	(1) 电源电路不通	检查电源电路及熔断器,并排除故障
	(2) 启动时负载过大或传动机构卡死	减轻负载或消除机械故障
	(3) 励磁回路断路	检查励磁绕组和磁场变阻器是否断路
	(4) 起动电流过小	检查电源电压是否过低,起动电阻是否过大
电动机转速不正常	(1) 并励绕组接线不良或断路	找出故障点予以排除
	(2) 串励电动机轻载或空载	增大负载
	(3) 电刷位置不正确	调整电刷位置使之位于几何中线处
	(4) 电枢线组存在匝间短路	修理或更换电枢绕组
电刷下火花过大	(1) 电刷与换向器接触不良	调整电刷与换向器使接触良好
	(2) 电刷磨损过短	更换电刷
	(3) 电刷压力不当	调整弹簧压力
	(4) 电动机过载	减轻负载
	(5) 换向器表面不干净	清洁换向器表面
	(6) 换向极绕组接反	检查换向极绕组极性并改正接法
	(7) 电枢绕组有断路或短路	修理电枢绕组

续上表

故障现象	故障原因	处理方法
电动机温升过高	(1)电动机长期过载	减轻负载
	(2)通风不良	检查风扇是否正常,风道是否畅通
	(3)电枢绕组或换向器有短路	检查电枢绕组和换向器并排除短路故障
	(4)定子、转子相摩擦	检查定子铁芯是否松动,轴承是否磨损
	(5)电压过低或过高	调整电压至额定值
	(6)并励绕组部分短路	用电桥找出电阻值低的绕组并修正
电动机振动过大	(1)电枢不平衡	重新校正使电枢平衡
	(2)风扇叶不平衡	重新校正使风扇叶平衡
	(3)转轴变形	修理或更换电枢
	(4)联轴器未校正	重新校正,使两轴在同一直线
	(5)地基不平或地脚螺钉松动	调整紧固螺钉
机壳带电	(1)电动机受潮	烘干或重新浸漆处理修复绝缘
	(2)绕组绝缘老化或损坏	重新浸漆处理修复绝缘
	(3)引线对地短路	检测引线,排除短路故障

二、交流电动机

交流电动机分为单相交流电动机和三相交流电动机两种。单相交流电动机由定子、转子、轴承、机壳、端盖等构成,它采用单相交流电源,具有结构简单、价格低廉、使用方便、应用广泛等特点。本节以三相异步电动机为例进行介绍。

(一)三相异步电动机的结构

三相异步电动机由定子、转子和其他附件组成,其结构如图2-49所示。

1. 定子部分

三相异步电动机定子部分包括定子铁芯、定子绕组、机座和接线盒等。

(1)定子铁芯

定子铁芯是电动机磁路的一部分,并在其上放置定子绕组。定子铁芯一般由0.35~0.5mm厚且表面具有绝缘层的硅钢片冲制、叠压而成,在定子铁芯的内圆冲有均匀分布的槽,用以嵌放定子绕组,定子铁芯如图2-50和图2-51所示。定子铁芯槽型有以下三种:

①半闭口型槽:电动机的效率和功率因数较高,但绕组嵌线和绝缘都较困难。一般用于小型低压电动机中。

②半开口型槽:可嵌放成型绕组,一般用于大型、中型低压电动机。成型绕组即绕组可事先经过绝缘处理后再放入槽内。

③开口型槽:用以嵌放成型绕组,绝缘设置方便,主要用在高压电动机中。

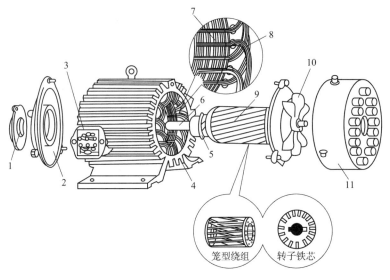

图 2-49 三相异步电动机结构
1-轴承盖;2-端盖;3-接线盒;4-机座;5-轴承;6-定子;7-定子铁芯;8-定子绕组;9-转子;10-风扇;11-罩壳

图 2-50 三相异步电动机定子

图 2-51 转子铁芯冲片

(2)定子绕组

定子绕组是电动机的电路部分,通入三相交流电,产生旋转磁场。定子绕组由 3 个在空间互隔 120°电角度、对称排列、结构完全相同的绕组连接而成,这些绕组的各个线圈按一定规律分别嵌放在定子各槽内。定子绕组的绝缘应保证绕组的各导电部分与铁芯间的可靠绝缘以及绕组本身间的可靠绝缘,包括对地绝缘、相间绝缘和匝间绝缘。

(3)机座

机座用来固定定子铁芯与前后端盖以支撑转子,并起防护、散热等作用。机座通常为铸铁件,大型异步电动机机座一般用钢板焊成,微型电动机的机座采用铸铝件。封闭式电动机的机座外面有散热筋以增加散热面积,防护式电动机的机座两端端盖开有通风孔,使电动机内外的空气可直接对流,以利于散热。交流电动机机座实物如图 2-52 所示。

(4)接线盒

电动机接线盒内有 1 块接线板,三相绕组的 6 个线头排成上下两排,并规定上排 3 个接线桩自左至右排列的编号为 1(U1)、2(V1)、3(W1),下排 3 个接线桩自左至右排列的编号为 6(W2)、4(U2)、5(V2),可根据需要将三相绕组接成星形接法或三角形接法。

2. 转子部分

（1）转子铁芯

转子铁芯作为电动机磁路的一部分以及在铁芯槽内放置转子绕组。转子铁芯所用材料与定子铁芯一样，由 0.5mm 厚的硅钢片冲制、叠压而成，硅钢片外圆冲有均匀分布的孔（图2-53），用来安置转子绕组。通常用定子铁芯冲落后的硅钢片内圆来冲制转子铁芯。一般小型三相异步电动机的转子铁芯直接压装在转轴上，大、中型异步电动机的转子铁芯则借助于转子支架压在转轴上。

图 2-52　交流电动机机座实物图

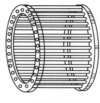
a）鼠笼式绕组

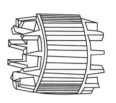
b）铸铝的鼠笼式绕组

图 2-53　鼠笼式转子绕组

（2）转子绕组

转子绕组用来切割定子旋转磁场产生感应电动势及电流，并形成电磁转矩而使电动机旋转。三相异步电动机的转子按绕组形式分为鼠笼式转子绕组和绕线式转子绕组。

①鼠笼式转子绕组。转子绕组由插入转子槽中的多根导条和两个环形的端环组成。若去掉转子铁芯，整个绕组的外形像一个鼠笼，故称笼型绕组。小型笼型电动机采用铸铝转子绕组，对于 100kW 以上的电动机采用铜条和铜端环焊接而成。

②绕线式转子绕组。绕线转子绕组与定子绕组相似，也是一个对称的三相绕组，一般接成星形，3 个出线头接到转轴的 3 个集流环上，再通过电刷与外电路联接，如图 2-54 所示。绕线式转子结构较复杂，故绕线式电动机的应用不如鼠笼式电动机广泛。但可以通过集流环和电刷在转子绕组回路中串入附加电阻等元件，用以改善异步电动机的起动性能、制动性能及调速性能。

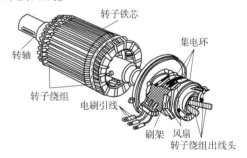

图 2-54　绕线式转子绕组

（二）三相异步电动机的工作原理

当向三相定子绕组中通入对称的三相交流电时，产生一个以同步转速 n1 沿定子和转子内圆空间作顺时针方向旋转的旋转磁场。由于旋转磁场以 n1 转速旋转，转子导体开始时是静止的，故转子导体将切割定子旋转磁场而产生感应电动势。由于转子导体两端被短路环短接，在感应电动势的作用下，转子导体中将产生与感应电动势方向一致的感生电流。转子的载流导体在定子磁场中受到电磁力的作用。电磁力对转子转轴产生电磁转矩，驱动转子沿着旋转磁场方向旋转。

图 2-55 为最简单的三相异步电动机的三相定子绕组 AX、BY、CZ，它们在空间按互差

120°电角度的规律对称排列,并接成星形与三相电源 U、V、W 相联。则三相定子绕组通过式(2-4)三相对称电流(图 2-56),随着电流在定子绕组中通过,在三相定子绕组中就会产生旋转磁场。

$$\begin{cases} i_A = I_m \sin\omega t \\ i_B = I_m \sin\omega t(\omega t - 120°) \\ i_C = I_m \sin\omega t(\omega t + 120°) \end{cases} \tag{2-4}$$

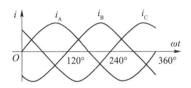

图 2-55 三相异步电动机定子接线　　图 2-56 三相对称电流波形

(1) 当 $\omega t = 0°$ 时,$i_A = 0$,AX 绕组中无电流;i_B 为负,BY 绕组中的电流从 Y 流入 B 流出;i_C 为正,CZ 绕组中的电流从 C 流入 Z 流出;由右手螺旋定则可得合成磁场的方向如图 2-57a)所示。

(2) 当 $\omega t = 120°$ 时,$i_B = 0$,BY 绕组中无电流;i_A 为正,AX 绕组中的电流从 A 流入 X 流出;i_C 为负,CZ 绕组中的电流从 Z 流入 C 流出;由右手螺旋定则可得合成磁场的方向如图 2-57b)所示。

(3) 当 $\omega t = 240°$ 时,$i_C = 0$,CZ 绕组中无电流;i_A 为负,AX 绕组中的电流从 X 流入 A 流出;i_B 为正,BY 绕组中的电流从 B 流入 Y 流出;由右手螺旋定则可得合成磁场的方向如图 2-57c)所示。

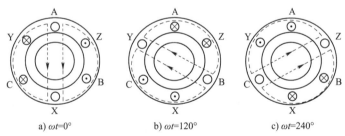

图 2-57 旋转磁场的形成

当定子绕组中的电流变化一个周期时,合成磁场也按电流的相序方向在空间旋转一周。随着定子绕组中的三相对称电流不断地作周期性变化,产生的合成磁场也不断地旋转,因此称为旋转磁场。旋转磁场的方向是由三相定子绕组中电流相序决定的。若想改变旋转磁场的方向,只要改变通入定子绕组的电流相序,即将 3 根电源线中的任意 2 根对调即可。这时,转子的旋转方向也跟着改变。

(三)交流电动机的参数

1. 型号

电动机型号是表述电动机名称、规格、类型等而引用的一种代号。电动机型号由电动机类型代号、特点代号和设计序号组成。电动机特点代号表征电动机的性能、结构或用途,用字母表示,如防爆类型电动机用字母 EXE 表示。电动机的规格包括机座中心高、铁芯外径、机座号、凸缘代号、机座长度、铁芯长度、功率、转速或级数等。例如,某电动机型号为 Y2-160M1-8,Y 代表机型,表示异步电动机;2 为设计序号,表示在第一次基础上改进设计的产品;160 为中心高度,是轴中心到机座平面高度;M1 为机座长度规格,M 是中型,其中脚注"1"是 M 型铁芯的第一种规格,而"2"型比"1"型铁芯长;8 为磁极数。

2. 额定参数

(1) 额定功率 P_N:电动机在额定运行时转轴上输出的机械功率。

(2) 额定电压 U_N:额定运行状态下加在定子绕组上的线电压。

(3) 额定电流 I_N:电动机在定子绕组上加额定电压,轴上输出额定功率时,定子绕组中的线电流。

(4) 额定频率 f:我国规定工业用电的频率为 50Hz。

(5) 额定转速 n_N:电动机定子加额定频率的额定电压,且轴上输出额定功率时电动机的转速。

(6) 额定功率因数 $\cos\phi_N$:电动机在额定负载时定子的功率因数。

(四) 交流电动机常见故障与处理方法

交流电动机常见故障与处理方法见表 2-16。

交流电动机常见故障与处理方法 表 2-16

故障现象	故障原因	处理方法
电动机不能启动,且线电流不平衡,定子绕组局部过热,响声不正常	(1) 开关、熔断器、进线导线等故障导致电源断相	检查电源电路及相关电器,并排除故障
	(2) 定子绕组一相断线	查找短线处,并连接好
	(3) 转子绕组二相断线或三相断线	查找短线处,如是接头松脱可重焊,否则须更换断线绕组
	(4) 轴瓦磨损过度或轴承移动,致使转子与定子间隙不匀,转子偏移定子一侧	更换磨损轴瓦,校正轴承,调整转子与定子间隙
起动力矩不足,有载不能启动或负载增大时电动机停止运行,运行声音不正常,局部过热	(1) 定子绕组为三角形接线时,内部一相断线	查找短线处,重新连接,必要时更换断线绕组
	(2) 定子绕组匝间短路	更换损坏绕组
	(3) 转子绕组或转子电阻一相断线	找出断线处,并连接好
	(4) 转子电阻选择太大	验算后重新选配
起动响声较大,起动电流大而不平衡,甚至使电源开关跳闸	(1) 定子绕组接错	检查重接
	(2) 定子绕组两相短路	更换损坏绕组
	(3) 起动电阻太小或被短接	检查并消除短接处,如阻值太小、重配电阻

续上表

故障现象	故障原因	处理方法
电动机启动后，转速明显低于额定转速	（1）电源电压低于额定电压	检查线路电压
	（2）绕线式电动机转子绕组端部或中性点焊接处接触不良	检查重焊
	（3）绕线式电动机转子绕组与集电环没接好	检查重焊
	（4）绕线式电动机电刷与集电环接触不良	清扫研磨，调整电刷压力
	（5）绕线式电动机转子电缆接头接触不好	重新连接
整个电动机普遍过热，无其他故障现象	（1）长期过负荷	减轻负荷
	（2）通风不良	清扫电动机和通风道，加强通风
	（3）电源电压过低或过高	检查电源电压
电动机过热，并有"隆隆"声	（1）电源电压三相不平衡	检查电源电压并排除故障
	（2）运行中一相进线断开	检查断开的进线，并接好
	（3）定子绕组一相的相位接反	检查把接错的一相，并对调接头
局部过热，有较响的"嗡嗡"声或有烧焦的味道	（1）绕组短路	检查短路绕组，并重绕，必要时更换绕组
	（2）绕组匝间短路	恢复绕组绝缘，必要时进行更换
绕线式电动机电刷和集电环过热或冒火，导致集电环烧坏和电刷迅速磨损	（1）集电环或电刷污垢较多，接触不良	清扫污垢，使接触良好
	（2）电刷研磨不好	重新研磨电刷
	（3）电刷被卡在刷握内	重新安置电刷
	（4）电刷在刷握内间隙过大，运行时摆动	更换电刷
	（5）电刷压力过大或过小	调整压力
	（6）电刷材质不对	按规定重选电刷
	（7）集电环不平或不圆	用细油石磨光或旋圆
	（8）集电环处通风不好	检查原因，加强通风
电刷和集电环接触面产生污斑或色泽变暗	（1）集电环磨损严重，表面不圆	将集电环磨光或旋圆
	（2）电刷与集电环接触不好	清扫灰尘、调整电刷与集电环接触状态
	（3）电刷材质不好	更换材质合适的电刷
铁芯局部发热	（1）绕组连接错误	检查并重新连接
	（2）绕组短路	检查并更换绕组
	（3）铁芯生锈或绝缘损坏	去锈浸漆绝缘，严重则需要更换
转动时转子与定子有摩擦	轴瓦过度磨损或轴承移动	更换轴瓦或调整轴承
电动机振动	（1）电动机中心线没找正	重新找正中心线
	（2）机座螺栓松动	拧紧螺栓
	（3）轴瓦间隙过大或过小	调整间隙

续上表

故障现象	故障原因	处理方法
电动机振动	(4)转子不平衡	转子做平衡试验,并配重
	(5)转子与定子间隙不匀	调整间隙
	(6)定子绕组短路	检查并更换绕组
轴承过热	(1)润滑油不清洁	更换润滑油
	(2)润滑油不足	添加合适的润滑油
	(3)轴瓦间隙过小	扩大轴瓦间隙
	(4)轴瓦研磨不良或已磨坏	重新研磨或换轴瓦
	(5)油环被卡住	检查油环是否良好
	(6)油路被堵塞	清理油路

技能单元 2-1 低压断路器的检修与维护

技能目标

掌握低压断路器检修周期与内容;掌握低压断路器检修与维护措施。

情境引入

在车站低压配电与照明系统维护过程中,经验丰富的现场工作师傅告诉小王,低压断路器是一种常用的保护设备。它能够有效地保护电路,避免因过载、短路等故障导致的设备损坏和人身安全事故。低压断路器的性能和应用效果直接影响整个系统的稳定运行和安全性。因此,低压断路器的检修和维护也是保证低压断路器正常工作的重要环节。

任课教师可根据课程标准、实训条件、区域企业岗位技能要求等灵活设置工作情景,有针对性地进行考核。

技能实作

一、低压断路器的检修周期

低压断路器的大修周期为每 3 年 1 次,小修周期为每年 1~2 次。

大修项目包括触头检修、操作机构检修、消弧装置检修;小修项目包括吹灰清扫开关、开关触头检查。

二、低压断路器的检修与维护

1. 触头检修与维护的内容及要求

(1)消除触头表面的氧化膜和灰尘,修整烧伤麻点。

(2)消除铜质触头的氧化膜,可用刀具刮拭或用细砂布擦拭氧化膜,若用细砂布擦拭,则必须将触头上的砂粒清除干净。

(3)镀银及银接触面,不能用刀具和纱布处理,可用干净的布和汽油擦拭即可,否则会造成银层的人为损坏。

(4)触头表面如有灰尘油垢等,应用毛刷、布和清洗剂清洗干净。

(5)烧伤的触头应用细锉刀或纱布进行处理,将烧毛的凸出麻点磨平,并保持接触面的形状和原来相同。需要注意的是,触头勿锉磨过度,若其厚度小于 1mm,则必须进行更换,新触头应与原触头规格相同。

(6)触头磨修完毕后,在接触面上涂少许凡士林膏,以防止触头表面氧化。

(7)检查和调整触头的开距和压力,更换损坏弹簧。

2. 断路器同期性的测试和调整

(1)操作开关,测量调整三相触头和灭弧触头的同期性,其不同期误差应小于2mm。

(2)检查调整触头的动作顺序。当开关闭合时,触头的接触顺序依次为:灭弧触头、辅助触头、主触头;分闸时触头的断开顺序与闭合时相反,若不满足顺序要求,则必须进行调整。

3. 低压断路器操作机构的检修与调试

检查操作机构是否灵活可靠,各部件应无卡涩磨损现象。

操作机构的调试内容如下:

(1)开关在合闸状态下,检查挂钩是否可靠挂牢,其挂钩深度应满足设计要求。

(2)检查自由脱扣机构是否灵活可靠,必要时将其解体进行清洗。注意:一般情况下不准改变机构内小弹簧的长度;当弹簧失去弹性或损坏时,应进行更换。

(3)调节传动机构连杆的跳闸限位垫片,使自由脱扣机构在断开后,能顺利地到达闭合位置。

(4)检查调整分励脱扣器联杆的长度,使其在操作电压 0.65~1.05Ue 的范围内可靠动作。

(5)检查调整失压脱扣器,其动作电压应满足电压在 0.65~1.05Ue 时吸合,低于额定电压的40%时瞬时断开,若不满足要求,可调整失压脱扣器弹簧的长度。

(6)检查调试辅助触头动作连杆的上下高度,以满足分闸、合闸的时间要求。

(7)对于电动机驱动的断路器,检查电动机的转动方向是否正确,制动装置的松紧应满足制动要求。当送入合闸脉冲时,电动机旋转至合闸位置应刚好把终端开关打开。

(8)如果开关的操作行程不合适,应进行调整,对于电动机驱动的断路器的合闸机构,应调整传动拐臂的长度;对于电磁操作机构,应调整电磁线圈铁芯连杆的高度。

4. 灭弧装置的检修与维护内容及要求

灭弧装置的灭弧罩受潮、碳化或破裂,灭弧栅片烧毁或脱落,弧角脱落等都会造成不能有效灭弧。

(1)灭弧罩是用水泥、石棉板或陶土制成的,容易受潮或破裂,开关检修时应将灭弧罩作相对标记,取下放在干燥安全的地方,以防受潮和碰坏,若发现受潮时,应进行烘干处理。

(2)检查灭弧罩,若有碳化现象,可用细锉刀把烧焦碳化的部分锉掉或用刀片刮掉,保证表面光洁。

(3)检查灭弧栅片,如被烧毁或脱落应及时更换或调整。

(4)检查弧角,如有弧角脱落丢失,可用紫铜片按原尺寸配制。

考核与评价

一、通用能力考核(20%)

评价内容	评分				得分	总分
	非常好	较好	一般	较差		
工作态度	27~30	22~26	16~21	<16		
团队合作	27~30	22~26	16~21	<16		
沟通表达	18~20	14~17	10~13	<10		
服从指挥	18~20	14~17	10~13	<10		

二、过程性考核(80%)

序号	考核内容	考核要点	评分标准	配分(分)	扣分(分)	得分(分)
1	检修准备工作	检修安全交底、检修工具选用	每少一项扣2分,扣完为止	20		
2	记录小修周期和检修项目	记录准确、完整	每少一项扣2分,扣完为止	10		
3	记录大修周期和检修项目	记录准确、完整	每少一项扣2分,扣完为止	10		
4	触头的检修	按检修内容及要求规范完成操作	每少一步扣2分,扣完为止	20		
5	断路器同期性的测试和调整	按步骤规范完成测试和调整	每少一步扣2分,扣完为止	10		
6	低压断路器操作机构的检修与调试	按步骤规范完成测试和调整	每少一步扣2分,扣完为止	20		
7	灭弧装置的检修	按检修内容及要求规范完成操作	每少一步扣2分,扣完为止	10		
	总分			100		

技能单元 2-2　接触器的检修与维护

技能目标

掌握接触器运行时检修与维护内容;掌握接触器不运行时检修与维护内容。

情境引入

随着时间的推移和工作经验增加,小王发现车站内的大型动力设备,如风机、空调系统、水泵、电梯、自动扶梯等都是由接触器来控制的,并且接触器配合双电源切换装置,可以在主电源发生故障时迅速切换到备用电源。接触器的检修和维护是保障电气系统安全、高效、经济运行的基础,对于降低成本、确保公共安全具有重要的作用。

任课教师可根据课程标准、实训条件、区域企业岗位技能要求等灵活设置工作情景,有针对性地进行考核。

技能实作

一般情况下,接触器维护分为运行时维护和不运行时维护。

一、运行时接触器检修与维护内容及要求

(1) 在正常使用时,要检查负载电流是否在正常范围之内。
(2) 观察相关指示灯是否和电路状态相符合。
(3) 在运行中声音是否正常,有没有因接触不良造成的杂音。
(4) 接触头是否有烧损现象。
(5) 检查线圈表面温度,不应超过 65℃。
(6) 周围环境是否存在对接触器运行不良的状态,如潮湿、粉尘过多、振动过大等。

二、不运行时接触器检修与维护内容及要求

在停止使用时,对接触器进行定期清扫,保持接触器干净。特别要注意的是,检查连接线是否牢靠、有无松动,连线绝缘是否受损等。

1. 触头系统的检修与维护内容及要求

(1) 检查动、静触头是否接触可靠;中间弹簧是否正常,有无卡阻现象。
(2) 检查触头是否松动,有无烧损痕迹;按压触头是否灵活可靠接触。
(3) 检查动、静触头位置是否对正,三相是否同时闭合,如有问题应调节触头弹簧。
(4) 检查触头磨损程度,磨损深度不得超过 1mm;触头有烧损,开焊脱落时,须及时更

换,轻微烧损时,一般不影响使用。清理触头时不允许使用砂纸,应使用整形锉。

(5)测量相间绝缘电阻,阻值不低于10MΩ。

(6)检查辅助触头动作是否灵活,触头行程应符合规定值,检查触头有无松动脱落;如发现问题时,应及时修理或更换。

2. 铁芯部分检修与维护内容及要求

(1)清扫灰尘,特别是运动部件及铁芯吸合接触面。

(2)检查铁芯的紧固情况,铁芯松散会引起运行噪声加大。

(3)铁芯短路环有脱落或断裂要及时修复。

3. 电磁线圈检修与维护内容及要求

(1)检查电磁线圈有无开焊、烧损等现象,线圈周边的绝缘层是否变色、老化等。

(2)测量电磁线圈绝缘电阻。

(3)检查电磁线圈引线连接,如有开焊、烧损现象,应及时修复。

4. 灭弧罩部分检修与维护内容及要求

(1)检查灭弧罩是否破损。

(2)检查灭弧罩位置有无松脱和位置变化。

(3)清除灭弧罩缝隙内的金属颗粒及杂物。

考核与评价

一、通用能力考核(20%)

评价内容	评分				得分	总分
	非常好	较好	一般	较差		
工作态度	27~30	22~26	16~21	<16		
团队合作	27~30	22~26	16~21	<16		
沟通表达	18~20	14~17	10~13	<10		
服从指挥	18~20	14~17	10~13	<10		

二、过程性考核(80%)

序号	考核内容	考核要点	评分标准	配分(分)	扣分(分)	得分(分)
1	检修准备工作	检修安全交底、检修工具选用	每少一项扣2分,扣完为止	10		
2	记录运行时的维护内容和不运行时维护内容	记录准确、完整	每少一项扣2分,扣完为止	10		

续上表

序号	考核内容	考核要点	评分标准	配分(分)	扣分(分)	得分(分)
3	触头系统的检修与维护	按步骤规范完成检修与维护	每少一步扣2分,扣完为止	20		
4	铁芯部分检修与维护	按步骤规范完成检修与维护	每少一步扣2分,扣完为止	20		
5	电磁线圈检修与维护	按步骤规范完成检修与维护	每少一步扣2分,扣完为止	20		
6	灭弧罩部分检修与维护	按步骤规范完成检修与维护	每少一步扣2分,扣完为止	20		
	总分			100		

技能单元 2-3　变压器的检修与维护

技能目标

了解变压器的检测方法;掌握电力变压器投入运行前的检查内容;掌握电力变压器投运及停运注意事项;掌握电力变压器运行中的检查内容。

情境引入

变压器作为能量转换的关键设备,它将来自高压电网的电能转换为适合车站内各种设备使用的低压电能,确保车站的动力系统(如空调、通风、排水等)与照明系统获得安全、稳定的电力供应。定期对变压器进行检修与维护,对保障变压器高效运行至关重要。这样可以预防故障发生,减少能源损耗,确保城市轨道交通运营的安全性和可靠性,为乘客提供舒适的乘车环境。

任课教师可根据课程标准、实训条件、区域企业岗位技能要求等灵活设置工作情景,有针对性地进行考核。

技能实作

一、变压器的检测

变压器的检测内容包括如下。

1. 外观检查

外观检查主要是通过仔细观察变压器的外观来检查其是否有明显异常的现象,如线圈引线是否断裂、脱焊,绝缘材料是否有烧焦痕迹,铁芯紧固螺杆是否有松动,硅钢片有无锈蚀,绕组线圈是否有外露等。

2. 绝缘性能检测

用万用表 RX10K 挡分别测量铁芯与初级、初级与各次级、静电屏蔽层与初次级、次级各绕组间的电阻值,万用表指针均应指在无穷大位置不动。否则,说明变压器绝缘性能不良。通常各绕组(包括静电屏蔽层)间,各绕组与铁芯间的绝缘电阻只要有一处低于 10MΩ,就应确认变压器绝缘性能不良。如果测得绝缘电阻小于几千欧姆甚至几百欧姆时,则说明绕组间或绕组与铁芯间出现了短路故障。

3. 检测线圈通断

首先将指针万用表的功能挡旋至 RX1 挡,分别测量变压器初、次级各个绕阻线圈的电阻值。初级线圈电阻值应为几十欧姆至几百欧姆,变压器功率越小,则电阻值越大。次级线圈的电阻值一般为几欧姆至几十欧姆,电压较高的绕组线圈的电阻值较大些。在测试中,如果某个绕组的电阻值为无穷大,则说明此绕组有断路性故障。

4. 判别初、次级线圈

变压器的初级引脚和次级引脚一般都是分别从两侧引出。通常,降压变压器的初级绕组所用的漆包线的线径比较细,且匝数较多,而次级绕所用线径比较粗,且匝数较少。所以,用万用表电阻挡分别测量初级和次级的电阻,电阻大的是初级绕组,电阻小的是次级绕组。如果是升压变压器则相反。

二、电力变压器投入运行前的检查内容及要求

(1)确认有关工作票已终结,临时安全措施已拆除。
(2)检修交代完整,试验项目及数据齐全,符合投运条件。
(3)检查变压器外壳及铁芯接地是否良好。
(4)油枕和套管内油色透明,油位应符合规定,变压器油回路各阀门状态正确。
(5)瓦斯继电器内应充满油,无气体渗漏现象,且瓦斯保护接线完整。
(6)无载分接头位置正确,操作机构可靠闭锁,有载调压装置各部正常,分接头位置指示正确且与远方模拟盘指示一致。
(7)本体及套管和支持瓷瓶应清洁完好,无杂物。
(8)引出线及各部位连接牢固无松动。
(9)安全气道的爆破膜或压力释放阀完好。
(10)吸湿器内硅胶合格且气道通畅。
(11)冷却装置及保护装置符合投运条件。
(12)有中性点接地刀闸的变压器,投运前应合上中性点接地刀闸。

三、电力变压器投运及停运注意事项

(1)新投运的电力变压器必须在额定电压下冲击试验5次,大修后的冲击试验3次。
(2)电力变压器投运时先投入冷却器,冷却器运行一段时间(约15min),待油温不再上升后再停冷却器,停运时先停变压器。
(3)在110kV及以上中性点直接接地系统中,投运和停运电力变压器时,在操作前必须将中性点接地,操作完再按规定和要求决定是否断开。变压器中性点接入的消弧线圈应先退出后投入。不得将两台变压器的中性点同时接到一台消弧线圈的中性母线上。
(4)停电操作时,先停负荷侧开关,后停电源侧开关(多侧电源时由低向高停),供电操作时相反。
(5)投入备用变压器后,应根据设备的实际位置和表计指示确定已带上负荷,才能使运行中的变压器停电。
(6)站用变压器不允许长期并列运行,可用低压刀闸切除低压侧环流,用高压刀闸切除空载站用变压器。

四、电力变压器运行中的检查内容及要求

(1)变压器的上层油温以及高、低绕组温度的现场表计指示与控制盘的表计显示应相同,考察各温度是否正常,是否接近或超过最高允许限额。

(2)检查变压器油枕上的油位是否正常,各油位表应无积污、无破损,内部无结露。

(3)检查变压器油流量表指示是否正常,变压器油质颜色是否变深,本体各个部位不应有漏油、渗油现象。

(4)变压器的电磁噪声和以往比较应无异常变化。本体及附件不应振动,各部件温度正常。

(5)冷却系统的运转是否正常,对于强迫油循环风冷的变压器,是否有个别风扇停止运转,运转的风扇电动机有无过热现象,有无异常声音和异常振动,油泵是否运行正常。

(6)变压器冷却器控制装置内各个开关是否在运行规定的位置上。

(7)变压器外壳接地,铁芯接地及各点接地装置是否完好。

(8)变压器箱盖上的绝缘件,如套管、瓷瓶等是否有破损、裂纹及放电的痕迹等不正常现象,充油套管的油位指示是否正常。

(9)变压器一次回路各接头接触是否良好,是否有发热现象。

(10)氢气检测装置指示有无异常。

(11)变压器消防水回路是否完好,压力是否正常。

(12)吸湿器的干燥剂是否失效,必须定期检查、进行更换和干燥处理。

考核与评价

一、通用能力考核(20%)

评价内容	评分				得分	总分
	非常好	较好	一般	较差		
工作态度	27~30	22~26	16~21	<16		
团队合作	27~30	22~26	16~21	<16		
沟通表达	18~20	14~17	10~13	<10		
服从指挥	18~20	14~17	10~13	<10		

二、过程性考核(80%)

序号	考核内容	考核要点	评分标准	配分(分)	扣分(分)	得分
1	检修准备工作	检修安全交底、检修工具选用	每少一项扣2分,扣完为止	10		

续上表

序号	考核内容	考核要点	评分标准	配分(分)	扣分(分)	得分(分)
2	记录变压器铭牌参数	规范完整记录参数	每少一项扣2分,扣完为止	10		
3	绝缘性能检测	检测步骤规范,检测数据记录真实完整	每少一项扣2分,扣完为止	20		
4	变压器运行前检查	按步骤规范完成检查	每少一步扣2分,扣完为止	20		
5	变压器投运停运检查	按步骤规范完成检查	每少一步扣2分,扣完为止	20		
6	变压器运行中的检查	按步骤规范完成检查	每少一步扣2分,扣完为止	20		
总分				100		

技能单元 2-4　三相异步电动机电气控制线路连接与调试

技能目标

掌握常用低压电器的应用;熟练掌握三相异步电动机的控制电路接线和运行调试。

情境引入

电动机作为城市轨道交通消防与环控系统的核心动力源。它控制电路稳定、可靠,这是城市轨道交通运营的基石,直接关系到乘客的生命安全与出行体验。因此,小王觉得掌握电动机电气控制线路连接与调试是必备技能。

任课教师可根据课程标准、实训条件、区域企业岗位技能要求等灵活设置工作情景,有针对性地进行考核。

技能实作

一、实验准备工作

1. 选择低压电器

三相异步电动机连续运行控制电路如图 2-58 所示。根据图示,选择相关低压电器。

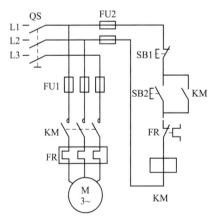

图 2-58　三相异步电动机连续运行控制电路

在连接控制实验线路前,应熟悉开关、热继电器、熔断器、交流接触器的结构形式、动作原理及接线方式和方法。

2. 记录实验设备参数

将所使用的低压电器的型号、规格及额定参数记录下来,并了解各参数的实际意义。

3. 三相异步电动机的外观检查

实验接线前应先检查三相异步电动机的外观有无异常。如条件允许,可用手拨动三相异步电动机的转子,观察转子转动是否灵活,其与定子之间有无摩擦现象等。

二、安装接线

1. 检查电器元件质量

在未通电的情况下用万用表检查各电器触头的分合情况是否良好。

2. 安装电器元件

将电器元件均匀、整齐、紧凑、合理地摆放在控制台上,并用螺栓进行安装。注意:开关、熔断器的受电端子应安装在控制板的外侧,并使熔断器的受电端为底座的中心端;紧固各元件时应用力均匀,紧固程度适当。

3. 板前明线布线

布线时要按照电气原理图,先将主电路的导线配完后,再配控制回路的导线;布线时还应符合平直、整齐、紧贴敷设面、走线合理及接点不得松动等要求。具体注意以下几点:

(1)走线通道应尽可能少,同一通道中的沉底导线,按主、控电路分类集中,单层平行密排,并紧贴敷设面。

(2)同一平面的导线应高低一致或前后一致,不能交叉。当必须交叉时,该根导线应在接线端子引出时,水平架空跨越,但必须走线合理。

(3)布线应横平竖直,变换走向应垂直。

(4)导线与接线端子或线桩连接时,应不压绝缘层、不反圈、不露铜过长,并做到同一元件、同一回路不同接点的导线间距离保持一致。

(5)一个电器元件接线端子上的连接导线不得超过两根,每节接线端子板上的连接导线一般只允许连接一根。

(6)布线时,严禁损伤线芯和导线绝缘。

(7)布线时,不在控制板上的电器元件要从端子排上引出。

4. 检验控制板布线是否正确

按照原理图,用万用表检验线路接线是否正确,万用表电阻挡倍率选择应适当,如果采用模拟式万用表则应进行校零,以防错漏短路故障。

(1)检查控制电路时,可将表棒分别搭在 U1、V1 线端上,读数应为"∞",按下 SB2 时读数应为接触器线圈的直流电阻值。

(2)检查主电路时,可以手动代替接触器受电线圈励磁吸合时的情况检查。

三、调试实验

经教师检查后,通电试车。

(1)闭合电源开关 QS,接通电源。

(2)按下启动按钮 SB2,接触器 KM 线圈得电,KM 主触头闭合,三相异步电动机 M 启动运转,并能自己保持,观察线路和三相异步电动机运行有无异常现象;按下停止按钮 SB1,接触器 KM 线圈失电,KM 主触头断开,三相异步电动机断电停运。

(3)如果电动机不能正常运转,进行故障排除,直至能正常运转。

四、实验结束

(1)实验结束后,应切断电动机的电源。
(2)拆除控制线路、主电路和有关实验电器。
(3)将各电气设备和实验物品按规定位置安放整齐。

考核与评价

一、通用能力考核(20%)

评价内容	评分				得分	总分
	非常好	较好	一般	较差		
工作态度	27~30	22~26	16~21	<16		
团队合作	27~30	22~26	16~21	<16		
沟通表达	18~20	14~17	10~13	<10		
服从指挥	18~20	14~17	10~13	<10		

二、过程性考核(80%)

序号	考核内容	考核要点	评分标准	配分(分)	扣分(分)	得分(分)
1	安装准备工作	安装安全交底、安装工具选用	每少一项扣2分,扣完为止	10		
2	电气元器件的选择和完好性判断	准确选择元器件并且保证完好性	每少一项扣2分,扣完为止	20		
3	画出电动机控制电气原理图	完整准确画出电动机电气原理图	每少一项扣2分,扣完为止	10		
4	元器件安装和连接线路	元器件安装规范、接线规范正确	每少一步扣2分,扣完为止	30		
5	通电实验	电动机正常运转;如不能正常运转,进行故障排除,直至正常运转	每错一步扣2分,扣完为止	20		
6	整理实验台	切断电源,拆除连线,拆卸元器件实验台收拾整洁干净	每少一项扣2分,扣完为止	10		
		总分		100		

技能单元 2-5　交流电动机检修与维护

技能目标

掌握电动机投入运行前的检查内容;掌握电动机启停注意事项;掌握电动机运行中的检查内容。

情境引入

电动机的检修与维护是小王的工作内容之一。定期对电动机进行检修与维护可以发现潜在的故障点,及时对其修复可避免突发故障。正确的检修与维护可以延长电动机的使用寿命,降低运营成本,防止因电气故障引发火灾、触电等安全事故。

任课教师可根据课程标准、实训条件、区域企业岗位技能要求等灵活设置工作情景,有针对性地进行考核。

技能实作

一、电动机投入运行前的检查

(1)测量电动机定子绕组相间及绕组对地的绝缘电阻。对线绕式异步电动机,还要测量转子绕组(含滑环)相间及绕组对地的绝缘电阻。

(2)检查电动机铭牌上的电压、频率与线路电压是否相符,接法是否正确。

(3)检查电动机内部有无杂物,用不大于 0.2MPa 的空气压缩机吹净内部,也可用吹风机或手风箱,但不能碰坏绕组。

(4)拨动电动机转轴,应能自由旋转,对于有滑动轴承的电动机,每边轴向窜量不应超过规定值。

(5)检查轴承润滑油,有油杯的,要检查油杯油位应在标志线处,并应确认注入的油是否符合要求,高速电动机应注入高速机油,低速电动机应注入机械油。

(6)检查电动机保护接地或接零线是否接好、可靠。

(7)对线绕式异步电动机还要检查滑环上的电刷表面是否全部与滑环贴紧,导线有无接地,电刷提升机构是否灵活,电刷压力是否正常。

(8)对不可逆转的机械设备,还要检查电动机旋转方向与机械设备规定的运转方向是否一致。

(9)对新装电动机,还要检查底脚螺栓、轴承螺母是否拧紧,并检查机座与电线钢管接地是否良好。

经上述检查后,才能启动电动机。电动机启动后,应空转一段时间,在此期间,要注意轴承温升情况、有无异常声响、有无振动、有无局部过热等。在确认一切正常后,才能投入运行。

二、电动机启停注意事项

(1)如果接通电源开关,电动机不转动,应立即拉闸,查明原因,消除故障后重新启动。

(2)接通电源开关后,电动机发出异常响声,应立即拉闸,检查电动机的传动装置及熔断器等。

(3)接通电源开关后,应监视电动机的启动时间和电流表的变化,如启动时间过长或电流表迟迟不回到额定值,应立即拉闸,进行检查。

(4)启动时发现电动机冒火或启动后振动过大,应立即拉闸,停机检查。

(5)在正常情况下,厂用电动机允许在冷状态下启动两次,每次间隔不得少于5min;在热状态下启动一次。只有在处理事故时,以及启动时间不超过2~3s的电动机,可多启动一次。

(6)如果启动后发现电动机运转方向反了,应立即拉闸停电,调换三相电源任意两相接线后再次启动。

三、电动机运行中的检查

日常要监视电动机启动、运行等情况,及时发现异常现象,防止发生事故。这主要通过看、听、摸、嗅、问及监视电流表、电压表等方法进行。电动机运行中的检查应重点注意以下事项:

(1)观察电动机有无异常噪声、振动。当电动机运行中听到发闷的沉重"嗡嗡"声时,很可能是断相运行,应立即切断电源进行处理,否则会烧坏电动机。

(2)通过观察电流表和电压表,能够发现电动机是否过载、三相电流是否平衡、电源电压是否正常等,以便及时发现问题并加以处理。

(3)用手触摸电动机外壳及轴承处,检查有无过热情况。如果手掌能长时间紧贴在发热体上,则可以断定温度在60℃以下。如果热得手掌不能触碰,用手指勉强可以停留1~1.5s,则说明温度已超过80℃,继续运行电动机可能会烧坏。

(4)应经常检查并清扫电动机机壳及进风口处的灰尘、杂物;检查电动机内部有没有遭受水侵蚀,传动皮带张力是否合适,等等。

(5)检查并及时加注润滑脂。根据使用条件不同,应半年至两年对电动机进行一次解体保养,清洁内部,加注润滑脂,更换不良部件。

(6)对绕线式电动机及直流电动机,应着重检查电刷与滑环的接触、电刷与换向器的接触、电刷磨损及火花等情况。

考核与评价

一、通用能力考核(20%)

评价内容	评分				得分	总分
	非常好	较好	一般	较差		
工作态度	27~30	22~26	16~21	<16		
团队合作	27~30	22~26	16~21	<16		
沟通表达	18~20	14~17	10~13	<10		
服从指挥	18~20	14~17	10~13	<10		

二、过程性考核(80%)

序号	考核内容	考核要点	评分标准	配分(分)	扣分(分)	得分(分)
1	检修准备工作	检修安全交底、检修工具选用	每少一项扣2分,扣完为止	10		
2	记录电动机铭牌参数	规范完整记录参数	每少一项扣2分,扣完为止	10		
3	电动机运行前检查	按上述检查内容完成检查	每少一步扣2分,扣完为止	30		
4	电动机启动检查	按步骤规范完成检查	每少一步扣2分,扣完为止	25		
5	电动机运行中的检查	按上述检查内容完成检查	每少一步扣2分,扣完为止	25		
总分				100		

知识拓展　PLC 在城市轨道交通车站中的应用

可编程逻辑控制器(Programmable Logic Controller, PLC)是一种专门用于工业自动化控制的计算机,与微型计算机类似。PLC 由内部中央处理器(CPU)、指令及数据存储器、输入/输出单元、电源模块、数字模拟等单元模块化组合而成。PLC 主要通过数字式或模拟式的输入/输出来控制各种类型的机械设备或生产过程。

最初的 PLC 主要用于开关量的逻辑控制。随着技术进步,PLC 的应用领域不断扩大。如今,PLC 不仅用于开关量控制,还用于模拟量及数字量的控制,可采集与存储数据,还可对控制系统进行监控、联网、通信,实现大范围、跨地域的控制与管理。PLC 已日益成为工业控制领域中一个重要的角色。

国内城市轨道交通建设初期一般采用大量的继电器作为工况信号的逻辑控制,不仅线路复杂、维修困难,而且由于继电器的不可靠性和易老化等诸多因素,使控制系统的整体工作可靠性和可维护性较差。PLC 是专门用于工业自动化控制的计算机,它的应用使电气控制系统工作更可靠、更容易维修、更能适应经常变化的生产工艺要求,完全能克服传统继电器控制系统的缺点。因此,PLC 在城市轨道交通中的应用是必然。

一、PLC 在城市轨道交通 BAS 系统中的应用

城市轨道交通环境与设备监控系统(Building Automation System, BAS)是城市轨道交通综合监控系统(Integrated Supervision Control System, ISCS)的重要组成部分,主要负责对城市轨道交通建筑物内的环境与空气条件、通风、给排水、照明、乘客导向、自动扶梯及电梯、站台门、防淹门等建筑设备和系统进行集中监视、控制和管理。

PLC 技术使 BAS 系统的功能更加完善,实现了对其进行远程控制。PLC 直接与 ISCS 系统连接,与其他系统实现信息共享;PLC 技术自动控制设备运行,降低了运营维护成本,提高了系统工作效率。采用 PLC 和工业以太网互相连接形成的设备监控系统,其效率较高,它将现场监控设备、管理设备以及整个系统有机地联合成一个整体,使得用户能够随时随地完成数据的上传和下载,更加及时、简便地操控系统。PLC 具有良好的人机交互能力,它具有的自动检查功能节省了系统维护时间,为更好地维护整个 BAS 系统的运行提供了保障。图 2-59展示了某车站环控系统 PLC 控制整体框架。

二、PLC 在城市轨道交通隧道通风系统中的应用

城市轨道交通隧道要有良好的通风系统,这样才能保证乘客的人身安全,给乘客带来舒适良好的乘车体验。大部分城市轨道交通为地下交通,对通风的要求更高,如果没有良好的通风,长期处于地下的车站和隧道内的空气就会变得浑浊不堪,甚至是造成缺氧。因此,良好的通风系统至关重要。

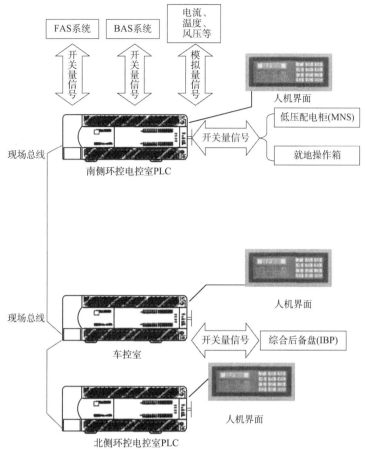

图 2-59　某车站环控系统 PLC 控制整体框架

PLC 应用在隧道通风系统中,通过检测隧道内的瓦斯浓度、自然风速以及隧道内的空气质量,判断是否需要给隧道进行通风,同时能通过显示屏直观地将数据显示给操作人员,为操作人员提供决策依据。同时,PLC 系统还能检测出风机的运行状况,为隧道通风系统维修提供依据。这样可节省大量的检修时间,实现更多的经济效益,避免发生安全事故。某隧道通风控制系统架如图 2-60 所示。

三、PLC 在城市轨道交通 FAS 系统中的应用

火灾报警系统(Fire Alarm System,FAS)是城市轨道交通火灾预防、消防的重要设备。联动控制系统作为城市轨道交通 FAS 系统的一部分,能够对城市轨道交通车站、区间隧道等与城市轨道交通运营有关建筑和设施的火灾、行车及人为事故等灾害进行可靠监视及报警,并可靠地控制所有防灾设备,以使城市轨道交通能正常有序地运营,避免或降低灾害情况下造成的人员和财物损失,最大限度地为乘客提供保障。FAS 联动控制系统必须采用可便于调试、维护和管理、布线简便的设备。采用 PLC 作为联动控制主机并进行局部组网,是一种较好的解决方案。PLC 具有高可靠性和灵活性等特点,为城市轨道交通防灾系统提供了强有

力的保障,得到了广泛应用。

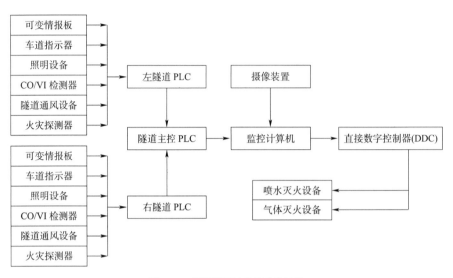

图 2-60　某隧道通风控制系统架构

四、PLC 在城市轨道交通供电系统中的应用

城市轨道交通供电系统是城市轨道交通安全运营的基础,为城市轨道交通安全运营提供保障。功能强大的城市轨道交通变电控制系统又是保证供电质量的基础。因此,城市轨道交通变电控制系统决定着城市轨道交通安全运营。PLC 应用在城市轨道交通变电控制系统中,使得城市轨道交通系统的基本供电得到保证,为城市轨道交通系统顺利运行奠定良好的基础。

职业准备

从"高职学生"到"中国铸造大工匠"　　"我从高职毕业,当了清华老师"

课后巩固

一、填空题

1. 低压断路器主要由_____、_____、_____和灭弧系统等组成。
2. 电磁接触器主要由_____、_____、_____及其他部分组成。
3. _____是根据继电器内部线圈两端电压大小而接通或分断电路的继电器。电压继电器分为_____、_____和_____。
4. _____线圈与负载串联,它的线圈匝数少而导线粗。常用的电流继电器有＿＿＿＿＿＿＿＿＿＿＿＿＿和＿＿＿＿＿＿＿＿＿＿＿＿＿两种。

5. 行程开关按其结构可分为＿＿＿＿＿＿、＿＿＿＿＿＿、＿＿＿＿＿＿和组合式。

6. 按调压方式来分,变压器可分为＿＿＿＿＿＿和＿＿＿＿＿＿;按绕组个数来分,变压器可分为＿＿＿＿＿＿、＿＿＿＿＿＿、＿＿＿＿＿＿和多绕组变压器。

二、简答题

1. 简述刀开关使用的注意事项。
2. 简述低压断路器的安装和使用注意事项。
3. 简述电磁式继电器的安装和使用注意事项。
4. 简述万能转换开关的安装和使用注意事项。
5. 简述电压互感器使用注意事项。
6. 简述三相异步电动机工作原理。

模块 3

车站低压配电系统

▌学习引导 ▌

城市轨道交通车站的设施设备除了可见的各种照明、自动售票机、闸机、自动扶梯、安全门等,还有一些乘客看不到却时刻为人们提供舒适和安全保障的设施,如空调、通风、给排水等。这些设施设备的正常使用和运行都离不开城市轨道交通车站低压配电系统,工作人员通过城市轨道交通车站低压配电系统对车站各低压电器和设备进行有效操作和管理,为车站的正常运行提供安全、优质、高效的保障。

▌学习导航 ▌

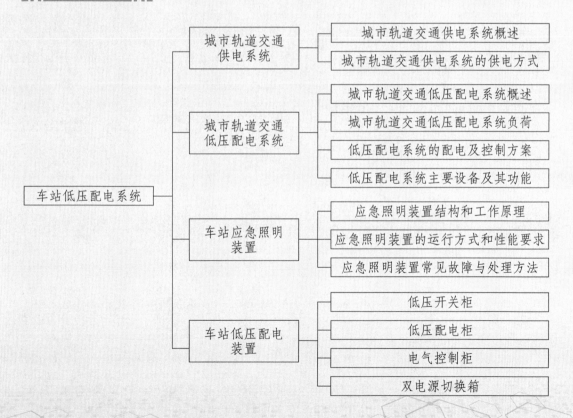

学习目标

知识目标

1. 了解城市轨道交通供电系统和低压配电系统的组成和作用,掌握低压配电系统负荷分类。

2. 掌握车站应急照明装置的结构和原理。

能力目标

1. 掌握应急照明装置常见故障处理方法。

2. 掌握低压开关柜、低压配电柜、电气控制柜和双电源切换箱的应用与维护。

素质目标

1. 培养学生团队协作精神和协作能力。

2. 培养学生刻苦钻研精神和严谨的科学态度。

3. 引导学生树立正确的劳动观、劳动意识和劳动习惯,培养勤俭、奋斗、创新、奉献的劳动精神。

知识单元 3-1　城市轨道交通供电系统

一、城市轨道交通供电系统概述

(一) 城市轨道交通供电系统的功能

电能是城市轨道车辆电力牵引系统必需的能源,电动车辆以及为轨道交通运营服务的机电设备,包括通风、空调、照明、通信、信号、给排水、防灾报警、电梯、自动扶梯等都依赖并消耗电能。在城市轨道交通运营中,若供电一旦中断,不仅会造成城市轨道交通运营瘫痪,还有可能危及旅客生命安全,造成财产损失。因此,高度安全、可靠而又经济、合理的供给电能是城市轨道交通正常运营的重要条件和保证。

(二) 城市轨道交通供电系统的组成

如图 3-1 所示,城市轨道交通供电系统一般包括外部电源系统、中压环网供电系统、牵引供电系统和动力照明系统。其中,外部电源系统属于外部供电系统,中压环网供电系统、牵引供电系统和动力照明系统属于城市轨道交通内部供电系统。

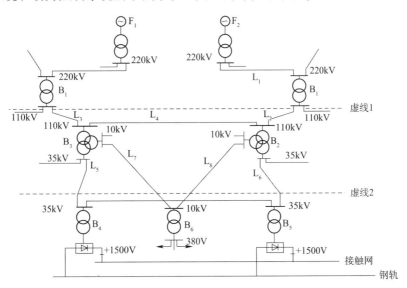

图 3-1　城市轨道交通供电系统

F_1、F_2-发电厂;$L_1 \sim L_8$-传输线路;$B_1 \sim B_3$-主变电所;$B_4 \sim B_5$-牵引变电所;B_6-降压变电所

1. 外部电源系统

城市轨道交通供电系统的电源一般来自国家电力系统,即来自所在城市供电电源网络。也就是说,城市轨道交通供电系统是嫁接在城市供电电源网络上的一个相对独立的子系统,它是一个特殊的用电大户。外部电源系统是指城市供电电源网络对轨道交通系统内部变电

所的供电系统,包括发电厂、传输线路和区域变电所。供电系统为双路电源,使其获得不间断电源。

发电厂将其他形式的能源转换为电能。根据能源的不同,常见的发电形式有火力发电、水力发电、风力发电、核能发电、光伏发电等。发电厂发出的电能,要先经过升压变压器升高电压,然后以110kV或220kV的高压,通过三相传输线输送到区域变电所。

在区域变电所中,电能先经过降压变压器把110kV或220kV的高压降低电压等级(如10kV或35kV),再经过三相输电线输送给本区域内的牵引变电所和降压变电所,并再降为轨道交通所需的电压等级(如1500V、380V等)。图3-1中虚线1上部为外部电源系统,虚线1下部为城市轨道交通供电系统。

2. 中压环网供电系统

中压环网供电系统是连接区域变电所到供配电系统的系统。该系统主要包括所有的主变电所和35kV或10kV系统线路环网。通过中压电缆,纵向把上级主变电所和下级牵引变电所、降压变电所连接起来,横向把全线的各个牵引变电所、降压变电所连接起来,便形成了中压环网供电系统。主变电所将电压降到35kV和10kV的中压电压等级供给牵引变电所和降压变电所。中压环网供电系统不是供电系统中独立的子系统,它涉及外部电源方案、主变电所的位置及数量、牵引变电所及降压变电所的位置与数量、牵引变电所与降压变电所的主接线形式等。

3. 牵引供电系统

牵引供电系统是城市轨道交通供电系统的核心,负责向轨道交通车辆提供电能,其主要作用是降压、整流和传输电能。牵引供电系统主要由牵引变电所(站)和牵引网两大部分组成。牵引变电所(站)主要由变压器和整流器组成;牵引网主要由接触网和回流网组成。接触网又分为架空式接触网和接触轨式接触网。回流网主要包括轨道电路、馈电线和回流线。图3-2所示为采用架空式接触网的牵引供电系统示意图。

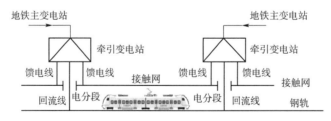

图3-2 采用架空式接触网的牵引供电系统示意图

区域变电所或主变电所将供电部门送来的三相高压交流电降压为所需电压等级,通过三相线路送到牵引变电所(站),再降压并整流为适应于电动车组工作的直流电(1500V或750V),通过电动车组受流装置与接触网或接触轨滑动接触,将直流电引入电动车组后,工作后电流流经车体、轮对、轨道,再经由回流线回到牵引变电所。在图3-2中,接触网是指经过电动列车的受电器向电动列车供给电能的导电网;馈电线是指从牵引变电所(站)向接触网输送牵引电能的导线;回流线是指以供牵引电流返回牵引变电所(站)的导线;电分段是指将接触网从电气连接上相互分开的装置。为便于检修和缩小事故范围,一般会将接触分成若干段。城市轨道交通列车行走时,利用走行轨作为牵引电流回流的电路。在采用跨坐式单轨电动车组时,需沿线路专门铺设单独的回流线。

4. 动力照明供电系统

城市轨道交通动力照明供电系统主要负责向信号、照明、通风、排水、制冷设备馈送电能,这些设备大都使用三相380V或220V的交流电,其主要作用是降压、分配和传输电能。动力照明供电系统主要由降压变电所、照明系统和低压配电系统等组成,由降压变电所降压为380/220V对动力、照明等供电。

(1)降压变电所

降压变电所将三相电源进线电压降为三相380V交流电。一般每个车站均应设置降压变电所,地下车站负荷较大,常设于站台两端;负荷较小的车站可以几个站合设一个。降压变电所可附设在某个牵引变电所(站)之中,构成牵引与降压混合变电所。

(2)照明系统

车站照明系统采用380V三相五线制和220V单相三线制的方式供电。车站照明大致包括:站台层、站厅层公共区的一般照明、节电照明(包括站名牌标示照明)、事故照明(包括疏散诱导指示照明)、广告照明和设备,管理用房的一般照明、事故照明;出入口的疏散诱导指示照明、一般照明与事故照明;电缆廊道的一般照明及区间隧道的一般照明、事故照明。

(3)低压配电系统

城市轨道交通车站低压配电系统采用380V三相五线制和220V单相三线制的方式供电,大致包括:站台层、站厅层和设备管理用房的环控、排水、消防、电梯、自动扶梯、自动售检票及通信、信号、站控室等系统动力设备的供配电;车站环控室所供配电设备的控制。

二、城市轨道交通供电系统的供电方式

城市轨道交通外电源引入方式根据城市供电电源网络构成的不同特点,可采用不同形式的供电方式。城市轨道交通的外电源引入方式分为集中式供电、分散式供电和混合式供电三种形式。

1. 集中式供电

集中式供电指的是有专门设置的主变电所(电源开闭所)集中为牵引变电所及降压变电所供电的外部供电方式。城市轨道交通集中式供电,如图3-3所示。

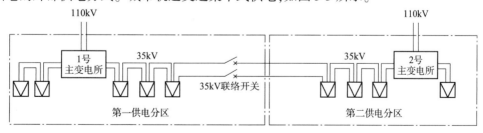

图3-3 城市轨道交通集中式供电方式

这种供电方式的中压网络的电压等级应根据用电容量、供电距离、城市供电电源网络现状及发展规划等因素，经技术、经济综合比较后确定。其优点主要包括：供电可靠性高，受外界因素影响较小；主变电站采用110kV/35kV有载自动调压变压器，并有专用供电回路，供电质量好；城市轨道交通供电可独立进行调度和运营管理；检修维护工作相对独立方便；可提高城市轨道交通供电的可靠性和灵活性；牵引整流负荷对城市供电电源网络的影响小；只涉及城市供电电源网络几个220kV变电站的增容改造，工程量较小，相对易于实现。集中式供电的缺点主要是成本高。

为了便于城市轨道交通供电系统的统一管理，提高自身供电的可靠性和灵活性，城市轨道交通供电系统目前较多地采用集中式供电。近几年新建的城市轨道交通系统多采用集中式供电，如上海地铁、广州地铁、深圳地铁、石家庄地铁等。

2. 分散式供电

分散式供电指由分散引入的城市中压电源直接为牵引变电所及降压变电所供电的外部供电方式。分散式供电不需要设置主变电所，是将城市中压电网电源直接送给城市轨道交通各牵引或降压变电所供电。城市轨道交通分散式供电，如图3-4所示。

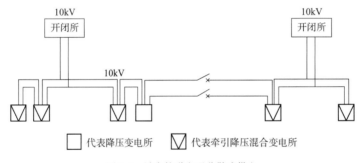

图3-4 城市轨道交通分散式供电

采用这种方式的地方必须是城市供电电源网络比较发达，在有关车站附近有符合可靠性要求的供电电源。中压网络的电压等级应与城市供电电源网络相一致。在这种方式下，可设置与车站变电所合建的电源开闭所。

分散式供电的优点主要是成本低，便于城市供电电源网络进行统一规划和管理。分散式供电的缺点主要包括：因为同时受110kV和10kV电网故障影响，所以受外界因素影响较多；10kV电网直接向一般用户供电，引起的故障概率大，可靠性低；调度和运营管理环节增多，故障状态下的转电不方便；牵引整流机组产生的高次谐波直接进入10kV电网，对其他用户的影响较大；要求城市供电电源网络的变电站应具有足够的备用容量，涉及较多110kV变电站的增容改造，工程量较大。

3. 混合式供电

混合式供电是将集中式供电与分散式供电两种供电方式结合起来，一般以集中式供电为主，个别地段引入城市供电电源网络作为集中式供电的补充，使供电系统更加完善和可靠，如图3-5所示。城市轨道交通混合式供电方式北京地铁1号线和2号线、武汉轨道交通工程、青岛地铁南北线工程等均为混合式供电方案。混合式供电充分发挥了前两种供电方式的优点,体现了城市一体化的特点。

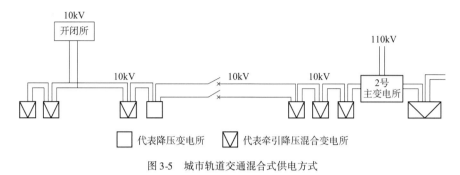

图 3-5　城市轨道交通混合式供电方式

知识单元 3-2　城市轨道交通低压配电系统

一、城市轨道交通低压配电系统概述

(一) 低压配电系统的作用

低压配电系统的作用是将低压电力安全、可靠、合理地配置给各个用电负荷,具体如下。

1. 安全性

尽可能防止人身触电,保证设备的正常运行,火灾时能保证供电的正常运行。

2. 可靠性

保证城市轨道交通运营时刻的持续不间断供电,保证运营高峰时期的用电负荷容量(变压器、线缆、开关、继电器),保证良好的配电质量,有良好的过电流和过电压保护,使整个系统能在恶劣的气候条件下可靠地运行。

3. 合理性

保证重点负荷的供电,经济运行,节约用电,让整个低压配电系统平稳运行。

(二) 低压配电系统的组成

城市轨道交通车站低压配电系统主要为车站内的通风空调设备、消防联动设备、给排水设备、电梯及自动扶梯、照明设备、站台门等提供电源,如图 3-6 所示。

城市轨道交通车站低压配电系统主要由车站低压开关柜、电缆及电线以及配电箱等组成,将 380V/220V 电力安全、可靠、合理地配置给各用电负荷。城市轨道交通车站低压配电系统范围是从降压变压器二次绕组 0.4kV 低压进线柜进线开关上端到设备配电箱、灯具为止的配电设备和线路。

1. 低压开关柜

低压开关柜为封闭式户内成套设备,其功能是为除城市轨道交通车辆以外的所有低压用电设备供电。低压开关柜应满足城市轨道交通的环境条件,其特点是技术先进,结构紧凑,工艺成熟,便于安装及维护。车站的400V开关柜包括进线柜、馈线柜、母联柜、电动机控制柜以及电容补偿柜等。另外,为保证可靠供电,车站还设有事故电源柜,用于提供事故状态下的应急照明电源。有关低压开关柜的知识在后边还有详细介绍。

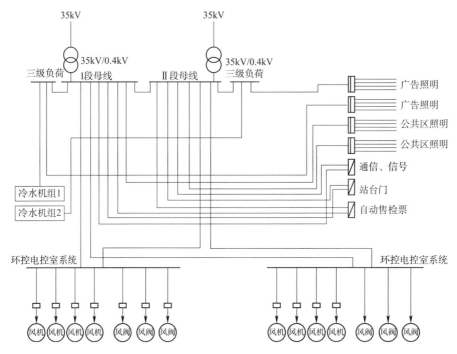

图 3-6 城市轨道交通车站低压配电系统

2. 电缆及电线

低压开关柜馈出至各配电箱采用电缆,配电照明及配电箱出线为电线。其中,电缆绝缘电压等级为1000V,电线绝缘电压等级为500V。电缆除电压、电流必须满足要求外,还要使用无卤、低烟、阻燃的铜芯材料。

3. 配电箱

配电箱作为低压配电系统的终端设备被广泛应用于低压配电与照明系统。配电箱一般引入两路电源,具有自投和自切功能。配电箱按安装方式的不同可分为封闭悬挂式(明装)配电箱和嵌入式(暗装)配电箱两种。

二、城市轨道交通低压配电系统负荷

根据用电设备的用途和重要程度,城市轨道交通车站用电负荷分为三级。

(一) 一级负荷

一级负荷包括:火灾自动报警系统设备、消防水泵及消防水管电保温设备、防排烟风机及各类防火排烟阀、防火(卷帘)门、消防疏散用自动扶梯、消防电梯、应急照明、主排水泵、雨水泵、防淹门及火灾或其他灾害仍需使用的用电设备;通信系统设备、信号系统设备、综合监控系统设备、电力监控系统设备、环境与设备监控系统设备、门禁系统设备、安防设备;自动售检票设备、站台门设备、变电所操作电源、地下站厅站台等公共区照明、地下区间照明、供暖区的锅炉房设备等。

火灾自动报警系统设备、环境与设备监控系统设备、专用通信系统设备、信号系统设备、变电所操作电源、地下车站及区间的应急照明为一级负荷中特别重要的负荷。

(二) 二级负荷

二级负荷包括:乘客信息系统、变电所检修电源、地上站厅站台等公共区照明、附属房间照明、普通风机、排污泵、电梯、非消防疏散用自动扶梯和自动人行道。

(三) 三级负荷

三级负荷包括:区间检修设备、附属房间电源插座、车站空调制冷及水系统设备、广告照明、清洁设备、电热设备、培训及模拟系统设备。

三、低压配电系统的配电及控制方案

(一) 低压配电方案

城市轨道交通车站低压配电系统主要有车站降压变电所直接供配电和环控电控室供配电两种方式。

1. 车站降压变电所直接供配电

(1)对一级负荷设备供配电

对车站降压变电所直接供配电的一级负荷设备(如通信系统、信号系统、车站控制室、站台门等),系统由降压变电所低压开关柜两段母线各馈出一路电源至设备附近的电源切换箱,经电源切换箱,实现双电源末端切换后再馈出给设备,两路电源正常时,一路工作,一路备用,并可互作备用。

(2)对二级负荷设备供配电

对降压变电所直接供配电的二级负荷设备(如自动扶梯、工作人员电梯、污水泵、集水泵等),系统由降压变电所低压开关柜其中一段母线馈出一路电源至设备附近的电源配电箱后再馈出给设备,当该段母线失压后,母线分段断路器(母联断路器)自动合闸,可由另一段母线继续供电。

(3)对三级负荷设备供配电

对降压变电所直接供配电的三级负荷设备(如活塞式冷水机组、离心式冷水机组、空调机、空调新风机等),系统由降压变电所低压开关柜其中一段母线馈出一路电源至设备附近的电源配电箱后再馈出给设备,当降压变电所低压柜任一段母线失压或发生故障时,均联跳中断所有三级负荷设备供电。

2. 环控电控室供配电

(1)对一级、二级负荷设备供配电

对环控电控室直接供配电的环控一级、二级负荷设备(如区间隧道风机、送排风机、回排风机、防火阀、风阀、环控配电箱等),系统采用单母线断路器分段接线形式供电,并设有电源自动切换装置,通过母联断路器的备用电源自动投切装置,实现两路电源互备供电。

(2)对三级负荷设备供配电

对环控电控室供配电(直接或间接)的环控三级负荷设备(如电动蝶阀、冷却水泵等),系统采用单母线接线形式供电。当该母线失压或发生故障时,中断供电,当电网只有一路电源供电时,也联跳中断供电。

(二)控制位置及控制方式

(1)对通信、信号、车站控制室、废水泵、电梯、自动扶梯等由降压变电所直接供配电的各系统设备,低压配电系统提供电源至各设备附近的配电箱或电源切换箱,工作人员可在降压变电所或设备附近的配电箱或电源切换箱上对各设备做电源通断或切换操作控制。

(2)对冷水机组及 FAS 系统及相关设备(如风阀、防火阀、防火卷帘门、挡烟垂幕、气体灭火系统等)、BAS 系统等由环控电控室直接供配电的设备,低压配电系统提供电源至各设备附近的配电箱或电源切换箱,工作人员可在环控电控室或设备附近的配电箱或电源切换箱上对该设备做电源通断或切换操作控制。

(3)对环控电控室直接控制的环控设备(如空调机、风机等),采用三地控制方式,即就地控制、环控电控室控制及车站控制室控制。

(4)自动扶梯正常时由现场控制,在事故状态下工作人员可在车站控制室内按动应急停机按钮停止所有自动扶梯运行。

四、低压配电系统主要设备及其功能

城市轨道交通车站低压配电系统的主要设备及其功能包括如下:

图 3-7 环控电控柜

(1)环控电控柜。环控电控柜安装于车站环控电控室内,为环控电控室供配电设备提供所需的电源,实现环控电控设备的电气控制及距离操作控制。环控电控柜如图 3-7 所示。

(2)环控设备就地控制箱。环控设备就地控制箱安装于车站各环控设备附近,用于维修调试各环控设备时的就地控制操作。

(3)防淹门控制柜。防淹门控制柜安装于地下隧道两端的防淹门控制室及车站的控制室,用于防淹门的操作控制。

(4)雨水泵控制柜。雨水泵控制柜安装于地下隧道入口处雨水泵控制室内,用于地下隧道入口处雨水泵的运行控制。

(5)废水泵、污水泵、集水泵控制箱。废水泵、污水泵、集水泵控制箱安装于车站废水泵、污水泵、集水泵用电设备附近,用于废水泵、污水泵、集水泵的运行控制。

(6)区间隧道维修电源箱。区间隧道维修电源箱安装于正线区间隧道内,约 80m 设置一台,用于提供隧道内设备维修作业时所需的电源。

(7)电源配电箱、电源切换箱。电源配电箱、电源切换箱安装于车站各动力用电设备附近,为设备提供所需电源。

(8)防火阀(DC 24V)电源配电箱。防火阀(DC 24V)电源配电箱安装于车站防火阀相对集中处附近,将 AC 220V 整流为 DC 24V 电源,提供防火阀关闭电磁阀动作所需的电源。

(9)自动扶梯应急停机按钮。自动扶梯应急停机按钮安装于车站控制室内部,用于在发生紧急状况(如火灾)时自动扶梯应急停机控制。

(10)灯具(白炽灯、荧光灯等)。灯具照明电光源(包括灯架),安装于车站各照明场所,用于车站各照明场所的照明、疏散指示。

(11)一般照明控制就地开关盒。就地开关盒安装于各设备及管理用房门口处,用于各设备及管理用房一般照明就地控制。

(12)照明配电箱、照明控制盘。照明配电箱、照明控制盘安装于各车站照明配电室、车站控制室和部分设备用房,用于集中控制相应场所的照明,实现照明配电室集中控制操作和车站控制室集中控制操作。

(13)事故照明电源装置。事故照明电源装置包括充电柜、交直流电源切换柜和蓄电池,安装于车站站台蓄电池室,实现蓄电池充电和事故照明电源交直流切换,为车站提供事故状态下的应急照明电源。

知识单元 3-3　车站应急照明装置

城市轨道交通车站环境具有特殊性,所以对其使用的机电设备也有着更高的要求,特别是车站及区间的照明设备。为了应对供电故障及其他紧急状况,保障人员及财产的安全,有效地制止灾害或事故的蔓延,在任何情况下都要确保城市轨道交通照明设施的可靠性。因此,应急照明装置作为紧急情况下的应急照明电源,在城市轨道交通车站得到广泛应用。城市轨道交通车站应急照明装置主要为应急照明、疏散标志等低压负荷供电。在常规电源故障断电的情况下,能够为地下车站及隧道提供照明及疏散指示,对人员疏散、消防救援、故障处理等都起着重要的作用。

一、应急照明装置结构和工作原理

城市轨道交通车站应急照明装置又称为应急电源系统(EPS),一般设在站台两端的应急照明电源室或蓄电池室,由车站牵引降压混合变电所或降压变电所两段不同的低压母线供电。城市轨道交通车站应急照明装置为户内成套设备,实物如图 3-8 所示。其内部结构主要包括双电源自动切换开关、整流/充电机、静态开关、蓄电池组、逆变器、监控单元及馈线单元等,如图 3-9 所示。其工作原理:正常情况下供电电源给负载供电,同时利用整流器给蓄电池组充电;当供电电源失电后,蓄电池组经过逆变器将直流电逆变为交流电给负载供电。

图 3-8　城市轨道交通车站应急照明装置

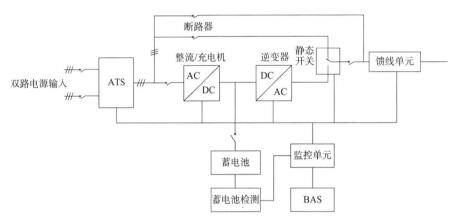

图 3-9　应急照明装置结构图

(一) 双电源自动切换开关

双电源自动切换开关(ATS),为重要用电场所的可持续性供电提供保障。当电源断电、过压、欠压、缺相时,双电源自动切换开关能够把负载电路自动转换至备用电源,一般不允许断电的地点都能用到双电源切换开关。应急照明装置电源由城市轨道交通车站低压配电系统引入,从变电所不同的两段母线各引入一路独立的电源,当其中一路电源失电时,双电源自动切换开关进行自动切换。在电源切换过程中应保证先断后合,可自投自复。

(二) 整流/充电机

整流/充电机将应急照明装置输入的交流电转换为直流电,经滤波后给负载供电或蓄电充电。在备用应急照明装置中只需要给蓄电池组充电,不需要给负载供电,因此只做充电机用。在双变换应急照明装置中,此设备既为逆变器供电,又为蓄电池组充电,因此称为整流/充电机。

(三) 静态开关

静态开关又称静止开关,是一种无触头交流开关,它一般采用两个可控硅反向并联组成电力模块,其闭合和断开由逻辑控制器控制,自动切换时间不大于0.2s。静态开关的主要作用:当双路进线电源电压过低或停电时,静态开关动作,馈线回路由应急电源装置供电;当双路进线电源恢复正常时,静态开关自动切换到双路进线电源回路进行供电,应急照明负荷和疏散标志由交流低压母线供电,同时整流/充电机向蓄电池组充电。

(四)蓄电池组

蓄电池为车站应急照明提供后备电源,是保障应急照明装置对外供电的关键设备。充电时将电能转换为化学能储存起来,放电时将化学能转换为电能。目前在城市轨道交通车站应急照明装置中广泛采用免维护铅酸蓄电池。

(五)逆变器

逆变器是通过脉宽调制(Pulse-Width Modulation,PWM)技术将直流电变换为交流电。在城市轨道交通车站应急照明装置中,逆变器的作用是将蓄电池组的直流电转换为稳定的正弦交流电,向应急照明负荷和疏散标志供电。

(六)监控单元

应急照明装置能通过监控单元与车站 BAS 系统进行通信。监控单元对应急照明装置的主备电源运行状况、蓄电池工作状态、故障状态等进行监控。

(七)馈线单元

馈线即配电线,将应急照明电源送至应急照明负荷和疏散标等用电设备。

二、应急照明装置的运行方式和性能要求

(一)应急照明装置的运行方式

(1)正常情况下,车站应急照明装置由变电所两路交流低压母线(手动选择任一路电源为主用电源)供电,当主用电源发生故障时,电源自动切换开关自动切换至备用电源。只要其中一路进线电源正常工作,交流低压母线给应急照明负荷和疏散标志供电,同时通过整流器向蓄电池组充电或浮充,逆变器处于热备状态。

(2)双电源自动切换方式。双电源自动切换装置可实现自投自复的工作方式。由变电所两路交流低压母线分别引入两回路电源作为双电源自动切换装置的进线电源,两回路电源一主一备自动切换。当主回路电源正常时,双电源自动切换装置选择主回路电源供电;当主回路电源故障、备用回路电源正常时,双电源自动切换装置自动切换到备用回路电源;当主回路电源重新恢复正常时,双电源切换装置又自动切换到主回路电源供电。

(3)当双路进线电源故障时,静态开关动作,应急照明装置从供电电源输出自动转换为蓄电池组回路输出。此时,蓄电池组输出的直流电通过逆变器逆变为正弦交流电,向应急照明负荷和疏散标志供电。

(4)静态开关转换方式,静态开关可实现自投自复。双路进线电源正常供电时,蓄电池组经过逆变器输出的电源为应急电源。当双路进线电源电压过低或停电时,静态开关动作,

馈线回路由应急电源供电;当双路进线电源恢复正常时,静态开关自动切换到双路进线电源回路进行供电,应急照明负荷和疏散标志由交流低压母线供电,同时整流/充电机向蓄电池组充电。

(二)应急照明装置的性能要求

(1)城市轨道交通车站应急照明装置的蓄电池组容量应能够保证应急照明负荷满负荷运行90min的用电要求,由正常照明转换为应急照明的切换时间应不大于5s。

(2)整流/充电机将供电电源输入的交流电通过整流变压后变成直流电对蓄电池组进行充电,充电的电压应根据蓄电池组的数量调整。在蓄电池组放电后欠压情况下,蓄电池组的充电状为均充。当蓄电池组充电完成后,整流/充电机应自动调整向蓄电池组浮充电。整流/充电机内部可设定蓄电池组电压选择均充或浮充。

(3)应急照明装置能与车站BAS系统进行通信。BAS系统对应急照明电源装置的运行状态、故障状态进行自动监视,并将应急照明装置的状态上传至控制中心(OCC)的主控系统。

(4)当应急照明电源装置需要维修时,应通过维修旁路开关将整流/充电机、逆变器与蓄电池组隔离,由维修旁路对应急照明装置进行供电。

(5)监控单元连续监控蓄电池组状态,当任一单体蓄电池放电至额定最低电压时系统自动停机以保护蓄电池,并发出报警信号。

(6)当任一单体蓄电池放电至额定最低电压系统自动停机时,可通过强启功能强行启动设备,以最大限度地保证在紧急情况下应急照明的供电时间。

三、应急照明装置常见故障与处理方法

城市轨道交通车站应急照明装置常见故障与处理方法见表3-1。

城市轨道交通车站应急照明装置常见故障与处理方法　　表3-1

故障现象	故障原因	处理方法
EPS开机后,板面上无任何显示	供电电源输入故障或蓄电池输入故障	①用万用表交流电压挡检查供电电源电压,用直流电压挡检查蓄电池电压。 ②检查供电电源熔断器熔体是否熔断,检查蓄电池熔断器是否熔断。 ③检查24V开关电源是否故障,检查24V电源接口是否松动
在供电电源供电正常时,开启EPS,逆变器工作指示灯亮,蜂鸣器发出间歇性响声,EPS只能工作在逆变状态,不能转换到供电电源工作状态	逆变供电向供电电源供电的转换部分故障	①对照原理图,用万用表逐步检查主回路和控制回路。 ②检查供电电源熔断器熔体是否熔断。 ③若供电电源熔断器熔体完好,检查逆变控制继电器是否故障。 ④若逆变控制继电器完好,检查供电电源电路是否故障

续上表

故障现象	故障原因	处理方法
由供电电源供电向蓄电池逆变供电失败	供电电源供电向蓄电池逆变供电转换部分故障	①检查蓄电池电压是否过低。 ②若蓄电池正常,检查蓄电池电压检测电路是否正常。 ③若蓄电池电压检测电路正常,检查供电电源向逆变供电转换控制是否正常
有供电电源时EPS输出正常,而无供电电源时蜂鸣器长鸣,无输出	蓄电池和逆变器部分故障	①检查蓄电池电压,若蓄电池电压偏低,则要检查是蓄电池本身故障还是充电电路故障。 ②若蓄电池工作电压正常,检查逆变器驱动电路是否正常,若驱动电路正常,则说明逆变器故障。 ③若逆变器驱动电路不正常,则检查波形产生电路有无控制信号输出
长时间充电后,蓄电池电压偏低	蓄电池或充电电路故障	①检查充电电路输入/输出是否正常。若输入不正常,则检查变压器及整流器是否正常;若输入正常,输出不正常,断开蓄电池再次检测,若仍不正常,则为充电电路故障。 ②断开蓄电池充电电路,若电路输入/输出正常,则说明蓄电池已损坏
蓄电池漏液	蓄电池性能下降	①测量各蓄电池端电压。 ②拆除故障电池连接片。 ③清洁受腐蚀的连接片,极柱涂凡士林。 ④更换同型号蓄电池
蓄电池损坏	①极板短路	充电电流过大,充电电压瞬时过高导致击穿蓄电池内部隔板,此时需要更换蓄电池
	②极板弯曲、破裂、腐蚀等	电解液不纯、充放电不当或温度过高导致,及时更换极板或更换蓄电池
EPS本身故障	EPS故障指示灯亮	①若是输出断路器和蓄电池故障,EPS直接报警显示故障部位。 ②检查充电机模块是否损坏:检查蓄电池组的端电压是否正常,检查直流断路器是否损坏。 ③检查逆变器模块是否损坏:检查脉冲信号输入端是否被击穿短路。 ④检查采集单元、馈线单元、监控装置等是否故障;若发生故障根据故障情况重新上电、更换装置等

知识单元 3-4　车站低压配电装置

一、低压开关柜

低压开关柜是由多个低压开关设备和相应的控制、测量、信号、保护等元件,以及所有内部电器和机械的相互连接及结构部件组装成的一种组合体,低压开关柜实物图如图3-10所示。低压开关柜广泛应用于发电厂、轨道交通、石油、化工、冶金、纺织、高层建筑等领域。低压开关柜结构紧凑、易于维护,除了具有电能分配、转换、控制、无功补偿功能之外,低压开关柜还能保护人身防止触电、防止动物进入、保护设备免受外界影响等。

图3-10　低压开关柜实物图

(一) 低压开关柜的类型及型号

低压开关柜的种类繁多,按其结构特征分为以下三类。

1. 固定式低压开关柜

固定式低压开关柜的各电器元件可靠地固定于柜体中固定式低压开关柜的柜体外形一般为单列或排列的立方体,有屏式、箱式、台式等。固定面板式低压开关柜是固定式低压开关柜的一种简单形式,常称为开关板或配电屏,它是一种有面板遮拦的开启式低压开关柜,正面有防护作用,背面和侧面仍能触及带电部分,防护等级低,只能用于对供电连续和可靠性要求较低的变电所。

2. 封闭式低压开关柜

封闭式低压开关柜是指除安装面外,其他所有侧面都被封闭起来的一种低压开关柜。这种封闭式低压开关柜的开关、保护和监测控制等电气元件均安装封闭的外壳内,可靠墙或离墙安装。

3. 抽出式低压开关柜

抽出式低压开关柜采用钢板制成封闭外壳,进出线回路的电器元件都安装在可抽出的抽屉中,构成能完成某一类供电任务的功能单元。功能单元与母线之间,用接地的金属板或塑料制成的隔板隔开,形成不同的隔离区域。抽出式低压开关柜有较高的可靠性、安全性和互换性,适用于对供电可靠性要求较高的低压配电系统中。常见的抽出式低压开关柜有GCS系列开关柜、GCK系列开关柜、MNS系列开关柜等。

我国新系列低压开关柜全型号由6位字母和数字表示,即ABC1-2-3,其含义为:第一个字母表示分类代号,即产品名称,产品名称包括开启式低压开关柜(P)、封闭式低压开关柜

(G);第二个字母表示型式特征,包括固定式低压开关柜(G)、抽出式低压开关柜(C)、固定式和抽出式低压开关柜混合安装(H);第三个字母表示用途代号,L(或D)为动力用,K为控制用,S为森源电气系统;1表示设计序号;2表示主电路方案编号;3表示辅助电路方案编号。

（二）低压开关柜的结构

低压开关柜的主要组成部分包括柜体、母线和功能单元。为保护人员和设备安全,将低压开关柜划分成几个独立的隔室,包括母线室、功能单元室、电缆出线室和二次设备元件室,如图3-11所示。低压开关柜的母线包括水平母线和垂直母线。水平母线又叫主母线,连接一条或几条垂直母线。垂直母线为框架单元内的母线,又叫配电母线,连接在主母线上向出线单元供电。

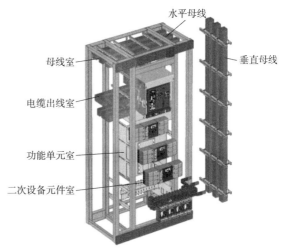

图3-11 低压开关柜隔室

（三）低压开关柜的技术参数

1. 额定电流

低压开关柜的额定电流分为水平母线额定电流和垂直母线额定电流两种。水平母线额定电流是指低压开关柜中受电母线的工作电流,最小的几百安培,最大的可达几千安培。垂直母线额定电流一般较小,较大的有几百安培。

2. 额定工作电压和额定绝缘电压

额定工作电压表示开关设备所在电网的最高电压;额定绝缘电压是指在规定条件下,用来度量电器及其部件不同电位部分的绝缘强度、电气间隙和爬电距离的标准电压值。

3. 额定频率

国内低压开关柜的额定频率为50Hz。

4. 母线额定短时耐受电流和母线额定峰值耐受电流

母线额定短时耐受电流指母线在规定的试验条件下能安全承载的短时(通常为1s)电流的方均根值;母线额定峰值耐受电流指母线在规定的试验条件下能安全承载的峰值电流。

5. 进出线方式

低压开关柜进线方式有上进线、下进线、侧进线和后进线。其出线方式有前出线和后出线。

6. 功能区域的隔离方式

低压开关柜柜体内部功能区域划分方式包括无隔离、半隔离、全隔离和完全隔离。无隔离指母线室、功能单元室、出线端子之间无任何隔离,如图3-12a)所示。半隔离指仅母线室与功能单元室隔离,如图3-12b)所示。全隔离指母线室与功能单元室隔离、功能单元室之间互相隔离、出线端子与功能单元室隔离,如图 3-12c)所示。完全隔离指母线室与功能单元室隔离、功能单元室之间互相隔离、出线端子与功能单元室隔离、出线端子之间隔离,如图 3-12d)所示。

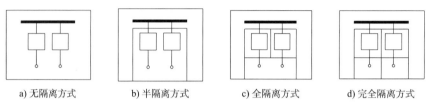

图 3-12 低压开关柜内部隔离方式

7. 外壳防护等级

低压开关柜的防护等级是指外壳防止外界固体进入壳内触及带电部分或部件,以及防止液体进入壳内的防护能力。防护等级用 IP×× 来表示,其中 ×× 为两位数字,用来表示外壳提供的保护程度,第一个数字表示对固体的防护程度,第二个数字表示对液体的防护程度。防护等级的具体含义见表 3-2。

防护等级　　　　　　　　　　　　　　　　　　　　　　　　　表 3-2

数字	第一个数字	第二个数字
	具体含义	具体含义
0	无防护	无防护
1	防止手背触及危险的部位; 防止直径大于或等于 50mm 的固体进入	防止垂直滴水
2	防止用手指触及危险部件; 防止直径大于或等于 12.5mm 的固体进入	防止垂直方向 15°范围内水滴滴入
3	防止用工具触及危险部件; 防止直径大于或等于 2.5mm 的固体进入	防止垂直方向 60°范围内淋水
4	防止用细丝触及危险部件; 防止直径大于或等于 1.0mm 的固体进入	防止各个方向的溅水
5	防止用细丝触及危险部件; 防尘(无有害沉积)	防止各个方向的喷水
6	防止用细丝触及危险部件; 完全防尘	防止各个方向的强烈喷水
7	—	防止暂时的浸水
8	—	防止持续潜水

二、低压配电柜

低压配电柜是将一个或多个低压开关设备、测量仪表、保护电器和辅助设备以及所有内部的电器和机械的相互连接及结构部件组合在封闭金属柜内,构成一个成套装置,如图3-13所示。正常运行时可借助手动(自动)开关接通或分断电路,故障或不正常运行时借助保护电器切断电路或报警。测量仪表可显示运行中的各种参数,还可对某些电气参数进行调整,对偏离正常工作状态进行提示或发出信号。低压配电柜能合理地分配电能,方便对电路的开合操作,能直观地显示电路的通断状态,便于设备的管理和检修。

图3-13 低压配电柜

(一)低压配电柜的结构

按照用途划分,低压配电柜包括进线柜、出线柜、母联柜、电压互感器柜、隔离柜、电容补偿柜、计量柜等。

1. 进线柜

进线柜也叫受电柜,将电源进线引到母线,主要包括从电网接受电能的设备,如断路器、隔离开关、互感器等。

2. 出线柜

出线柜也叫馈电柜或配电柜,将母线电能分配到各个出线端,主要设备有断路器、隔离开关、互感器等。

3. 母联柜

母联柜也叫母线分断柜,用来联结两段母线,常用于单母线分段、双母线接线中。

4. 电压互感器柜

电压互感器柜(又称为PT柜、母线设备柜)直接装设在母线上,用来检测母线电压,实现保护功能,主要设备有电压互感器、隔离开关、熔断器、避雷器等。

5. 隔离柜

隔离柜用来隔离两段母线或隔离受电设备与供电设备,以方便维护和检修作业。隔离柜仅起到隔离作用,不具有分段、接通负荷的能力。

6. 电容补偿柜

电容补偿柜的主要设备包括电容器组、熔断器、投切控制回路等。电容补偿柜一般与进线柜并列安装。电容补偿柜用来补偿无功功率,提高电网功率因数。

7. 计量柜

计量柜用来计量电能,主要由隔离开关、熔断器、互感器、有功电度表、无功电度表、继电器等组成。

(二)动力配电柜

动力配电柜,也称动力控制柜,是低压配电柜的一种。动力配电柜能给整台机器的正常运转提供动力的电气控制柜,其内部有接触器、变频器、高压柜、变压器等,如图3-14所示。动力配电柜不仅能给动力设备接通电源,控制动力设备启停,还能检测设备的运转情况、保护用电设备。动力配电柜的设计应能做到保障人身安全,质量可靠,电能质量合格,节约电能,技术先进,以及安装维护方便。

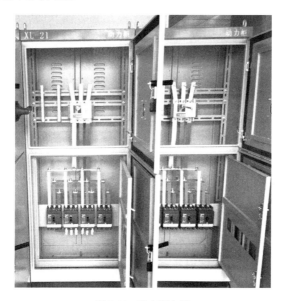

图3-14 动力配电柜

按照供电系统的要求划分,动力配电柜分为一级配电设备、二级配电设备和末级配电设备。一级配电设备统称为动力配电中心,集中安装在企业的变电站,把电能分配给不同地点的下级配电设备。一级配电设备紧靠降压变压器,电气参数要求较高,输出电路容量也较大。二级配电设备是动力配电柜和电动机控制中心的统称。动力配电柜使用在负荷比较分散、回路较少的场合,电动机控制中心用于负荷集中、回路较多的场合。动力配电柜把上一级配电设备某一电路的电能分配给就近的负荷,并对负荷提供保护、监视和控制。末级配电设备总称为照明动力配电箱,离供电中心较远,是分散的小容量配电设备。

(三)低压配电柜设计规范

1. 电气设备的选择标准

设计低压配电柜时,选择的电气设备应符合《低压配电设计规范》(GB 50054—2011)、《低压成套开关设备和控制设备》(GB 7251.1—2013)、《建筑电气设计标准》(GB 50052—2013)等国家现行标准,适应所在的场所和环境条件。

(1)电气设备的额定电压应适应所在回路的标称电压。

(2)电气设备的额定电流应大于所在回路的计算电流。

(3)电气设备的额定频率应与所在回路的频率相适应。

(4)电气设备应满足短路条件的动稳定与热稳定的要求,用于断开短路电流的电气设备应该满足短路条件下的通断能力。

2.通电能力测算依据

验算电器在短路条件下的通断能力,应采用安装处预期短路电流周期分量的有效值,当短路点附近所接电动机额定电流之和超过短路电流的1%时,应计入电动机反馈电流的影响。

3.隔离电器的选用

隔离电器可以采用单极或多极隔离开关、隔离插头以及具有隔离功能的断路器等,严禁使用半导体开关电器。

当维护、测试和检修设备需断开电源时,应设置隔离电器使所在回路与带电部分隔离。隔离电器宜采用同时断开电源所有极的开关或彼此靠近的单极开关。隔离电器误操作会造成严重事故,因此应采取防止误操作的措施。隔离电器应能防止意外闭合和意外断开,动断触头之间的隔离距离应可见或标识"闭合"和"断开"状态。

4.功能性开关电器的选用

独立控制电气装置的每一条分支电路均应装设功能性开关电器。功能性开关电器可采用开关、半导体开关电器、断路器、接触器、继电器、插头和插座,严禁使用隔离电器、熔断器和连接片作为功能性开关电器。

5.剩余电流动作保护电器的选用

剩余电流动作保护电器的类型应根据接地故障的类型按《剩余电流动作保护电器(RCD)的一般要求》(GB/T 6829—2017)确定,剩余电流动作保护电器应能断开所保护回路的所有带电导体,TN-S系统的中性导体为可靠的地电位时除外。剩余电流动作保护电器的额定剩余不动作电流应大于负荷正常运行时预期出现的对地泄漏电流。剩余电流动作保护电器作为间接接触防护电器的回路时,必须装设保护导体。

6.导体的选择

导体的类型应按敷设方式及环境条件进行选择。导体载流量根据敷设方式及环境条件确定,不应小于计算电流。除此之外,所选导体还应满足下列要求:

(1)满足线路保护的要求。

(2)满足动稳定与热稳定的要求。

(3)线路电压损失应满足用电设备正常工作及启动时端电压的要求。

(4)导体最小截面应满足机械强度的要求。

(5)导体的负荷电流在正常持续运行中产生的温度不应使绝缘的温度超过规定值。

当电缆的敷设路径中各场所的散热条件不相同时,电缆的散热条件按最不利的场所确定。

三、电气控制柜

电气控制柜是作为电气控制作用的电柜,通过电气系统主要实现电源通断控制、电压电流控制、频率控制、相位控制,主电路进行监测、控制、保护、调节等。电气控制柜的种类繁多,有变频控制柜、水泵控制柜、防爆控制柜、电梯控制柜、PLC控制柜、消防控制柜、水泵控制柜、智能照明控制柜等。

(一)电气控制柜的结构

电气控制柜包括一次设备及其元器件、二次设备及其元器件机柜及附件、安装板、接线端子等,如图3-15所示。一次电路也称为主电路,由一次设备相互连接,构成发电、输电、配电或其他控制的电气回路。一次电路对被控对象的电源进行控制,包括电源通断控制、电压控制、电流控制、频率控制、相位控制等,从而实现对被控对象的控制。二次电路又称为控制电路或辅助电路,其作用是通过控制开关、继电器、接触器、测量仪表、PLC等设备对主电路进行监测、控制、保护、调节等。二次电路包括控制系统、信号系统、继电保护系统、监测系统、综合自动化系统等。

图3-15 电气控制柜

(二)电气控制柜的设计原则

电气控制柜设计的基本思路是符合逻辑控制规律、能保证电气安全及满足生产工艺的要求。为了满足电气控制柜的使用要求,必须进行合理的电气控制工艺设计。这些设计不仅包括电气控制柜的结构设计、电气控制柜总体配置设计、总接线设计及各部分的电器装配与接线设计,还要包括部分的元件目录、进出线号及主要材料清单等技术资料。

1. 电气控制柜的结构设计

电气控制柜的结构设计需要考虑以下几方面:

(1)根据操作需要及控制面板、箱、柜内各种电气部件的尺寸确定电气箱、柜的总体尺寸及结构类型。一般情况下,应使电气控制柜总体尺寸符合基本结构尺寸。

(2)根据电气控制柜总体尺寸及结构类型、安装尺寸,设计箱内安装支架,并标出安装孔、安装螺栓及接地螺栓尺寸,同时注明配作方式。电气箱、柜的材料一般应选用柜、箱用专用型材。

(3)根据现场安装位置、操作、维修方便等要求,设计电气控制柜的形式及开门方式。

(4)为利于电气控制柜(箱)内电器的通风散热,在箱体适当部位设计通风孔或通风槽,必要时应在柜体上部设计强迫通风装置与通风孔。

(5)为便于电气控制柜的运输,应设计合适的起吊钩或在箱体底部设计活动轮。

2. 电气控制柜总体配置设计

电气控制柜总体配置设计关系到电气控制系统的制造、装配质量,更将影响到电气控制系统性能的实现及其工作的可靠性、操作、调试、维护等工作的方便及质量。

电气控制柜总体配置设计任务:根据电气原理图的工作原理与控制要求,先将控制系统划分为几个组成部分;再根据电气控制柜的复杂程度,把每一部件划成若干组件;然后再根据电气原理图的接线关系整理出各部分的进出线号,并调整它们之间的连接方式。总体配置设计的主要内容是电气系统的总装配图与总接线图形的绘制,图中应反映出各部分主要组件的位置及各部分接线关系、走线方式及使用的行线槽、管线等。

电气控制柜总装配图、接线图是进行分部设计和协调各部分组成为一个完整系统的依据。总体设计要使整个电气控制系统集中、紧凑,同时在空间允许条件下,把发热元件、噪声振动大的电气部件,尽量放在离其他元件较远的地方或隔离起来;对于多工位的大型设备,还应考虑两地操作的方便性;电气控制柜的总电源开关、紧急停止控制开关应安放在方便而明显的位置。

在划分电气控制柜组件的同时要考虑组件之间、电气箱之间以及电气箱与被控制装置之间的连线方式。电气控制柜各部分及组件之间的接线方式一般应遵循以下原则:

(1)开关电器、控制板的进出线一般采用接线端头或接线鼻子连接,这可按电流大小及进出线数选用不同规格的接线端头或接线鼻子。

(2)各电气控制柜之间以及电气控制柜与被控制设备之间采用接线端子排或工业连接器连接。

(3)弱电控制组件、印制电路板组件之间应采用各种类型的标准接插件连接。

(4)电气控制柜内元件之间的连接,可以借用元件本身的接线端子直接连接;过渡连接线应采用端子排过渡连接,端头应采用相应规格的接线端子处理。

3. 电器元件的布置

电器元件布置将某些电器元件按一定原则进行组合。进行电器元件布置图设计时应依据电气原理图、组件的划分情况等。电器元件布置时应遵循以下原则:

(1)同一组件中电器元件的布置应注意将体积大和较重的电器元件安装在电器板的下面,而发热元件应安装在电气控制柜的上部或后部,但热继电器宜放在其下部,因为热继电器的出线端直接与电动机相连便于出线,而其进线端与接触器直接相连接,便于接线并使走线最短,且宜于散热。

(2)强电弱电分开并注意屏蔽,防止外界干扰。

(3)需要经常维护、检修、调整的电器元件安装位置不宜过高或过低,人力操作开关及需经常监视的仪表的安装位置应符合人体工程学原理。

(4)电器元件的布置应考虑安全间隙,并做到整齐、美观、对称,外形尺寸与结构类似的电器可安放在一起,以便于加工、安装和配线;若采用行线槽配线方式,应适当加大各排电器间距,以便于布线和维护。

四、双电源切换箱

双电源切换箱主要实现主电源和备用电源之间的全自动转换。当主电源故障时,双电源切换箱远程启动备用电源,自动转至备用电源供电;当主电源恢复时,双电源切换箱自动转至主电源供电,备用电源自动恢复备用状态。除了能保证配电系统正常、稳定、可持续供电,双电源切换箱还可监控主电源与备用电源的电力参数,可更快捷、有效地了解配电系统的实际状况,具有电气互锁和机械互锁,安全可靠,体积小,操作方便等特点,是城市轨道交通领域不可或缺的电力设施。

(一)双电源切换箱的结构

双电源切换箱的主要结构包括柜体、双电源控制器、双电源转换开关、断路器、接触器、继电器、仪表、母线、按钮等,如图 3-16 所示。双电源切换箱具用自动转换功能、手动转换功能。如自动转换功能失效,可应急采用手动转换功能。

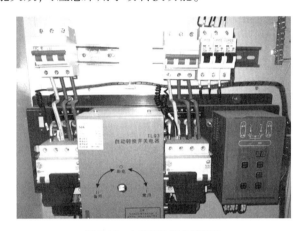

图 3-16 电源切换箱内部结构

双电源切换箱有抢投式和主备式两种结构形式。

1. 抢投式双电源切换箱

抢投式双电源切换电路图 3-17 所示。其特点是线路简单,可随意切换回路。

抢投式双电源切换箱工作原理:工作时将开关 1QF 与 2QF 均闭合,电源进线指示灯 1HW 和 2HW 亮。正常情况下,当按下按钮 1SF 时,接触器 1KM 通电吸合,主触头闭合,常闭触头断开,1KM 主触头闭合由 1 号电源为负载供电,同时接通 1HR 运行指示灯。1KM 辅助常闭触头切断 2KM 接触器线圈通电回路,使 2KM 无法吸合;当主电源因故障停电后 1KM 释放,1KM 的主触头断开,断开 1 号电源,同时 1KM 的辅助常闭触头接通 2KM 通电回路,1KM 的辅助常开触头断开指示灯 1HR,按下按钮 2SF 时接通 2KM 线圈回路,其主触头闭合,接通 2 号电源,同时接通 2HR 指示灯、断开串接在 1KM 线圈中的常闭触头,使 1KM 无法吸合。

2. 主备式双电源切换箱

主备式双电源切换电路如图 3-18 所示。其特点是固定某回路,能较好地平衡供电系统负荷。

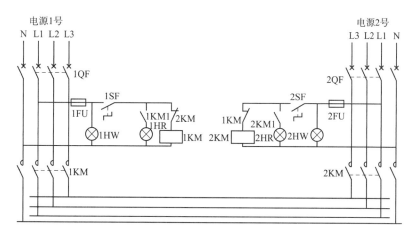

图 3-17 抢投式双电源切换电路

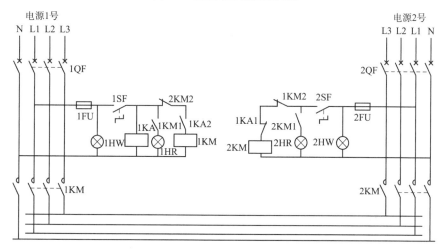

图 3-18 主备式双电源切换电路

主备式双电源切换箱工作原理：工作时将开关 1QF 与 2QF 均闭合，电源进线指示灯 1HW 和 2HW 亮，当按下按钮 1SF 时，继电器 1KA 线圈通电，其触头 1KA2 闭合，接通 1KM 接触器线圈回路，1KM 线圈通电吸合其常开主触头闭合，由 1 号电源为负载供电，同时接通 1HR 运行指示灯、断开串接在 2KM 接触器线圈支路上的常闭触头，切断 2KM 线圈通电回路，使 2KM 无法吸合；当主电源因故障停电后 1KM 释放，继电器 1KA 线圈失电 1KA2 开断 1KM 线圈回路，1KM 主触头断开，断开 1 号电源，同时 1KM1 断开 1HR 指示灯，1KM2 与 1KA1 的常闭触头闭合。按下按钮 2SF 接通 KM2 接触器线圈回路，其主触头闭合，接通 2 号电源，同时接通 2HR 指示灯、断开串接在 1KM 线圈中的常闭触头，使 1KM 无法吸合。

（二）双电源切换箱的操作

（1）用专用钥匙将电源切换箱面板打开，找到电源开关（低压断路器）。

（2）将电源开关（包括电源总开关、分路开关）操作手柄扳向向上位置，可将开关合上；将开关操作手柄扳向向下位置可将开关断开。

（3）正常情况下，设备操作员应将所有开关合上，以便提供电源给相关用电设备。

(4)特殊情况下,设备操作员经请示许可,可按控制中心、站长调度指令及维修人员要求,有选择地闭合/断开某分路开关相关用电设备电源。

(5)正常情况下,设备操作员应将箱面上控制转换开关置于切换位置,以便电源切换箱能实现电源切换控制。

(6)正常情况下,可观察到箱面上2个"电源进线"指示灯同时点亮,2个"电源运行"指示灯中任意一个点亮。当箱面上2个"电源进线"指示灯同时点亮而2个"电源运行"指示灯均不亮时,设备操作员应打开箱面查看箱内2个电源总开关是否已跳闸。如电源总开关已跳闸,则在检查现场设备无异常情况下应试重合开关,否则应通知维修人员维修。

(7)部分电源切换箱是通过自动转换开关进行切换的,则按要求操作自动转换开关控制面板。

(三)双电源切换箱常见故障与处理方法

双电源切换箱常见故障与处理方法见表3-3。

双电源切换箱常见故障与处理方法　　　　　　　　　　表3-3

故障现象	故障原因	处理方法
两路电源失电	(1)两路电源熔断器熔体熔断	检查并更换熔体
	(2)两路断路器跳闸或故障	检查短路设备,更换故障断路器,恢复送电
	(3)两路供电电源失电	通知生产调度
一路电源失电	(1)一路电源熔断器熔体熔断	检查并更换熔体
	(2)断路器跳闸或故障	检查短路设备,更换故障断路器,恢复送电
	(3)一路供电电源失电	联系供电车间检查400V开关
	(4)控制回路故障	检查控制回路,排除故障
	(5)手动/自动转换开关损坏	检查并更换损坏的转换开关
	(6)按钮开关损坏	检查并更换损坏的按钮开关
不能自动切换	(1)另一路电源熔断器熔体熔断	检查并更换熔体
	(2)另一路断路器跳闸或故障	检查短路设备,更换故障断路器,恢复送电
	(3)另一路供电电源失电	通知生产调度
	(4)手动/自动转换开关损坏	检查并更换损坏的转换开关
手动不能启动	(1)电源熔断器熔体熔断	检查并更换熔体
	(2)断路器跳闸或故障	检查短路设备,更换故障断路器,恢复送电
	(3)供电电源失电	联系供电车间检查400V开关
	(4)控制回路故障	检查控制回路,排除故障
	(5)手动/自动转换开关损坏	检查并更换损坏的转换开关
	(6)按钮开关损坏	检查并更换损坏的按钮开关

技能单元 3-1　EPS 蓄电池的检测及维护

技能目标

了解蓄电池的主要特性;掌握 EPS 蓄电池的检测内容和方法;掌握 EPS 蓄电池的常见故障及维护措施。

情境引入

小王发现,在实际的生产生活中,因蓄电池维护不当而引发火灾事故时有发生。因此,定期对车站 EPS 蓄电池进行检修与维护,是确保应急电源系统稳定运行、保障乘客安全、降低运营成本的重要手段。正确的维护保养可以延长 EPS 蓄电池的使用寿命、确保 EPS 蓄电池的性能稳定,提高整个应急电源系统的运行效率。良好的维护可以确保 EPS 蓄电池符合安全标准,防止因电池故障引发火灾、触电等安全事故。

任课教师可根据课程标准、实训条件、区域企业岗位技能要求等灵活设置工作情景,有针对性地进行考核。

技能实作

一、蓄电池的检测

蓄电池的使用寿命理论上可达 15～20 年,厂家一般建议使用 8～10 年。但在实际使用中,由于蓄电池本身质量或维护的原因,部分蓄电池的使用寿命往往达不到规定年限。为了能够及时更换性能不达标的蓄电池,应对蓄电池性能进行检测。蓄电池检测的项目主要包括蓄电池外观检查、蓄电池主要性能指标检测和蓄电池质量检测。

(一) 蓄电池外观检查

检查蓄电池的标志(包括生产厂家、规格型号、商标、正负极等)信息。如果上述内容缺漏,这项检测即不合格。蓄电池外观检查中应特别注意所标内容与实际不符的情况。外观检查还应该考核蓄电池外壳质量,确保外壳硬度、注液孔等指标。

(二) 蓄电池主要性能指标检测

1. 蓄电池的电压检测

方法一:利用万用表直流电压挡测量蓄电池的输出电压,根据万用表显示出的电压,判断蓄电池的电压是否正常。因测量时蓄电池没有带负载,这种测量方法测量的电压与蓄电池的实际电压有一定误差。

方法二：用蓄电池检测仪测量蓄电池接线柱间的开路电压,如果测量的电压等于或大于蓄电池标称电压,这是说明蓄电池正常。如果测量的电压低于蓄电池标称电压,则说明蓄电池存在问题或欠压。

2. 蓄电池的容量检测

方法一：传统容量测试法

将蓄电池接上可调负载,并接上电压表与电流表。调整负载大小使得放电电流保持在一个定值,当蓄电池的端电压达到放电终止电压时结束放电测试,最后根据测出的放电时间和放电电流来计算其容量。

方法二：电源监控控制测试法

利用电源本身的监控,蓄电池在设定时间、设定放电电流情况下进行放电,通过放电后电池组的参量变化,来初步估算蓄电池的容量。该测试方法不需要另外增加其他电池容量检测设备。

方法三：曲线比较法

利用蓄电池容量检测设备对蓄电池放电几分钟后再进行充电,将此过程中记录的数据绘制成曲线,对比该型号蓄电池的特性曲线数据库,进而分析蓄电池的剩余容量。

3. 蓄电池内阻的检测

方法一：密度法

密度法主要通过测量蓄电池电解液的密度来估算蓄电池的内阻,常用于开口式铅酸蓄电池的内阻测量,不适合密封铅酸蓄电池的内阻测量。

方法二：开路电压法

开路电压法是通过测量蓄电池的端电压来估计蓄电池内阻,这种方法精度较差。

方法三：直流放电法

直流放电法是通过对蓄电池进行瞬间大电流放电,测量蓄电池的瞬间电压降,通过欧姆定律计算出蓄电池内阻。采用该方法对蓄电池内阻进行检测必须是在静态或是脱机状态下进行,无法实现在线测量。大电流放电会对蓄电池造成较大的损害,从而影响蓄电池的容量及寿命。

方法四：交流注入法

交流注入法是通过对蓄电池注入一个恒定的交流电流信号,测量蓄电池两端的电压响应信号以及两者的相位差,通过阻抗公式来计算蓄电池的内阻。该方法不需要对蓄电池进行放电,就可以实现安全在线检测电池内阻,因此不会对蓄电池的性能造成影响。

(三) 蓄电池质量的检测

蓄电池质量的优劣通常是根据蓄电池的电动势及其内阻的大小来判断的。

方法一：外观判断

观察蓄电池外观有无变形、凸出、漏液、破裂炸开、烧焦、螺栓连接处有无氧化物渗出等。

方法二：带载测量

若蓄电池外观无异常,EPS工作于蓄电池模式下,带一定量的负载,若放电时间明显短于正常放电时间,充电 8h 以后,仍不能恢复正常的备用时间,则判定蓄电池老化。

方法三:万用表测量

(1)蓄电池放电模式下测量:测量蓄电池组中各个蓄电池端电压,若其中一个或多个蓄电池端电压明显高于或低于标称电压,判断蓄电池老化。

(2)供电电源模式下测量:蓄电池组中各个蓄电池端的充电电压,若其中一个或多个蓄电池的充电电压明显高于或低于其他电压,判定蓄电池老化。

(3)测量电池组的总电压:蓄电池组总电压明显低于标称值,充电 8h 后仍不能恢复到正常值,即使恢复到正常值,放电时间达不到正常放电时间,判定蓄电池老化。

方法四:仪器测试

一般采用蓄电池放电测试仪,把测试仪两正负测钳分别夹持蓄电池正负电极,按下测试按钮,观察测试仪表指示情况:

(1)如果仪表指示电压大于或等于标称电压,说明蓄电池状态良好。

(2)如果仪表指示电压低于标称电压但是指针处于某个数值不动,说明蓄电池处于亏电状态,需要补充充电。

(3)如果指针慢慢下降,说明蓄电池内部有短路现象。

(4)如果指针快速下降到 0V,说明蓄电池内部有断路。

方法五:经验法

观察蓄电池电解液是否浑浊,若浑浊说明蓄电池正极板软化;观察蓄电池底部有无沉淀物,如有沉淀物说明极板脱落,蓄电池容量已不足;用手敲击蓄电池两个电极桩,如果听到有空洞的声音说明极桩与极板发生断裂;用一根粗导线短路正负极桩,观察蓄电池各个加液孔,如出现气泡说明该孔已损坏。

二、蓄电池常见故障及维护措施

(一)蓄电池出现爬酸及极柱受腐蚀

对于成组使用的蓄电池,维护中时常发现有些蓄电池使用时间并不长,但爬酸现象较多。有的爬酸现象出现在蓄电池的盖与壳体的连接处,有的出现在极柱与盖的连接处,有的出现在蓄电池的阀体与盖的连接处。一些运行了 3 年以上的蓄电池极柱受腐蚀现象也时有发生。

1. 原因

蓄电池盖与壳体、阀体与盖之间的热封或胶封不严、开裂,或是由于极柱与密封胶的连接处受到腐蚀等,或是由于蓄电池生产时灌酸过多,开阀后气体将液体带出来。

2. 维护措施

(1)对于极柱受腐蚀,只要彻底清理被腐蚀极柱的表面,拧紧固定连接条的螺钉(但用力不能过大,以免螺钉溢扣),再涂抹上一些凡士林即可。

(2)如果由于热封或胶封不严、开裂引起的爬酸,一般需要更换。

(3)如果因为灌酸过多,随着蓄电池的使用,这种现象将逐渐消失。

(二) 蓄电池出现漏液

1. 原因

目前蓄电池外壳一般采用ABS(丙烯腈-丁二烯-苯乙烯共聚物)和PP(聚丙烯)两种材料,虽然ABS材料的强度较好,但也会因为材料本身的原因、蓄电池搬运磕碰的原因、安装时基座坚硬物体损伤蓄电池底部等原因造成漏液。

2. 维护措施

发现漏液蓄电池必须及早采取措施,如果壳体四周有轻微漏液,可以采取与壳体材料相同的材料进行粘补,然后将此蓄电池四周紧箍起来;如果壳体四周漏液较多或壳体底部漏液,必须及早更换。

(三) 蓄电池出现壳体膨胀鼓肚

1. 原因

如果存在端电压正常的轻微膨胀蓄电池,可能是因为蓄电池生产组装时采用紧装配所造成;如果没有较大的变化,就属于正常现象。如果有些蓄电池的开阀压力过高,不能及时泄放壳内压力就必然造成蓄电池的鼓肚。如果蓄电池生产企业选用的壳体厚度太薄,即使开阀压力在行业标准规定的范围内,也会出现蓄电池鼓肚现象;当蓄电池长时间使用后硫酸铅化、极板增大,也会使蓄电池壳体鼓肚;发生热失控的蓄电池也会出现鼓肚现象。

2. 维护措施

对于鼓肚的蓄电池,必须进行全面的质量鉴定,测量其端电压、进行小容量的放电后采用浮充电压进行恒压补充电;观察鼓肚的变化情况,如果没有减轻,就应立即对鼓肚的蓄电池进行更换。当然,由于极板硫酸铅化而增大以及热失控原因造成鼓肚的蓄电池,是无法修复的,只能进行更换。

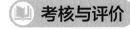

考核与评价

一、通用能力考核(20%)

评价内容	评分				得分	总分
	非常好	较好	一般	较差		
工作态度	27~30	22~26	16~21	<16		
团队合作	27~30	22~26	16~21	<16		
沟通表达	18~20	14~17	10~13	<10		
服从指挥	18~20	14~17	10~13	<10		

二、过程性考核(80%)

序号	考核内容	考核要点	评分标准	配分(分)	扣分(分)	得分(分)
1	准备作业	工具准备(10分)	工具准备齐全得10分	10		
2	蓄电池的检测	(1)蓄电池外观检查(10分); (2)蓄电池的电压检测(10分); (3)蓄电池的容量检测(10分); (4)蓄电池的内阻检测(10分); (5)蓄电池的质量检测(10分)	每项检测要求操作准确、判断无误、记录正确,每完成一项得10分	50		
3	蓄电池故障分析及维护	(1)蓄电池爬酸及极柱受腐蚀故障原因分析及维护(10分); (2)蓄电池漏液故障原因分析及维护(10分); (3)蓄电池壳体膨胀鼓肚故障原因分析及维护(10分)	(1)蓄电池爬酸及极柱受腐蚀故障原因分析正确,维护得当,得10分; (2)蓄电池漏液故障原因分析正确,维护得当,得10分; (3)蓄电池壳体膨胀鼓肚故障原因分析正确,维护得当,得10分	30		
4	检修完毕	清洁作业现场、收整工具(10分)	清洁作业现场、工具收整齐全得10分	10		
	总分			100		

技能单元 3-2　车站应急照明装置的检修与维护

技能目标

掌握应急照明装置检修内容;掌握应急照明装置检修注意事项。

情境引入

在低压配电与照明系统运行与维护项目中,小王发现,应急照明装置的检修与维护是重中之重。经验丰富的现场工作师傅告诉他,车站应急照明装置在火灾、停电等紧急情况下为人员提供必要的照明,指引安全疏散路径,减少恐慌,确保人员能够迅速、有序地撤离,是生命安全的重要保障措施。车站应急照明装置的检修与维护不仅是法律法规的要求,更是保护人民生命财产安全、维护企业稳定运行的必要措施。

任课教师可根据课程标准、实训条件、区域企业岗位技能要求等灵活设置工作情景,有针对性地进行考核。

技能实作

一、应急照明装置检修内容

(一) 应急照明装置检修

应急照明装置检修分为计划检修和故障检修两部分,其中计划检修是在一定的检修周期内对系统进行预防性检修。根据检修周期的不同,维护项目也不同。常见的计划检修有日检、月检、季检和年检。

1. 日检

日检的内容及要求如下:

(1)检查运行指示灯状态:供电电源供电或逆变供电(供电电源供电与逆变供电不会同时出现)时显示绿灯,故障时显示黄灯。

(2)检查继电器、接触器工作状态:运行正常,无异响、无异味。

(3)检查开关状态:处于合闸状态,无跳闸情况。

(4)检查蓄电池状态:蓄电池组端电压指示值不小于规定值,蓄电池温度不能过高,蓄电池接线端子无白色盐霜。

(5)检查逆变器状态:逆变器工作正常,风机无堵转,柜内电容器无变形、无烧坏。

(6)查看 EPS 柜门面板上的液晶显示屏运行信息及缺相报警信息:交流输入电压、电池均充电压、浮充电压、充电电流符合规定值。

2. 月检

月检的内容及要求如下：

(1) 重复日检全部内容。

(2) 设备清洁：设备内、外无积尘。

(3) 柜内元器件：无破损、无松动、无灼烧痕迹。

(4) 转换开关功能：转换灵活、无卡滞。

(5) 指示灯、开关、按钮等元器件标识：齐全、完好。

(6) 切换功能查看：两路交流输入电源切换和交、直输出电源切换功能正常。

(7) 蓄电池端电压记录：齐全。

3. 季检

季检的内容及要求如下：

(1) 重复月检全部内容。

(2) 检查元器件之间线路：一次、二次回路接线牢固、无松动。

(3) 检查电源切换：一路供电电源断电，另一路供电电源自动投入，两路供电电源断电，蓄电池对外逆变供电。

(4) 检查断路器、进出线电缆：断路器合、分操作正常，进出电缆无损坏。

4. 年检

年检的内容及要求如下：

(1) 重复季检全部内容。

(2) 所有主、控回路接线端子、元器件紧固。

(3) 蓄电池维护：设置蓄电池保护电压后，进行放电实验；记录蓄电池对外逆变供电时间，逆变时间不小于90min。

二、应急照明装置检修注意事项

应急照明装置检修注意事项包括如下：

(1) 进入蓄电池室前，须将门口"气体灭火控制盘"转换开关由"自动"状态转至"手动"状态；离开蓄电池室后，须将门口"气体灭火控制盘"转换开关由"手动"状态转至"自动"状态。

(2) 在EPS柜日常巡检时，人与带电体保持可靠安全距离0.7m以上，禁止将头部与身体部位伸进柜内，只能在柜外察看。

(3) 对EPS柜断电前，必须先将EPS柜馈出线路负载关停，断电后进行验电、挂警示牌。

(4) 作业时，禁止将蓄电池正、负极之间线路短路；对EPS柜内元器件检修时，小心谨慎，禁用猛力操作，以防损坏设备。

(5) 严禁带电维修和更换元器件，停送电时由一人操作、一人监护。恢复送电时先要确认器具及人员已出清，并保持安全距离。

(6) 作业完毕，确保将系统和设备恢复到正常使用的状态，规范填写低压配电各项检修。

考核与评价

一、通用能力考核(20%)

评价内容	评分				得分	总分
	非常好	较好	一般	较差		
工作态度	27~30	22~26	16~21	<16		
团队合作	27~30	22~26	16~21	<16		
沟通表达	18~20	14~17	10~13	<10		
服从指挥	18~20	14~17	10~13	<10		

二、过程性考核(80%)

序号	考核内容	考核要点	评分标准	配分(分)	扣分(分)	得分(分)
1	准备作业	工具准备(10分)	工具准备齐全得10分	10		
2	日检	应急照明装置日检的内容及要求(20分)	按照应急照明装置日检的内容及要求进行检修与维护,每少一项扣3分,扣完为止	20		
3	月检	应急照明装置月检的内容及要求(20分)	按照应急照明装置月检的内容及要求进行检修与维护,每少一项扣3分,扣完为止	20		
4	季检	应急照明装置季检的内容及要求(20分)	按照应急照明装置季检的内容及要求进行检修与维护,每少一项扣3分,扣完为止	20		
5	年检	应急照明装置年检的内容及要求(20分)	按照应急照明装置年检的内容及要求进行检修与维护,每少一项扣3分,扣完为止	20		
6	检修完毕	清洁作业现场、收整工具(10分)	清洁作业现场、工具收整齐全得10分	10		
		总分		100		

技能单元 3-3　车站低压配电装置的检修与维护

技能目标

掌握城市轨道交通车站低压配电装置检修内容;掌握城市轨道交通车站低压配电装置检修与维护注意事项。

情境引入

低压配电系统负责为车站内的照明、通风、信号、自动售检票等设备供电。定期检修与维护能及时发现并解决潜在的电气故障和安全隐患,确保这些设备稳定运行,从而保障乘客、工作人员的生命安全以及企业正常运营。

任课教师可根据课程标准、实训条件、区域企业岗位技能要求等灵活设置工作情景,有针对性地进行考核。

技能实作

一、低压配电装置检修与维护注意事项

低压配电装置检修与维护注意事项包括如下:
(1)工作人员必须穿绝缘鞋、工作服,戴安全帽、手套,携带测电笔(验电器)、工具袋。
(2)严格执行"二票一簿"制度,办理好要令许可或工作票,并做好安全预想。
(3)对电容柜检修作业前必须进行彻底放电。
(4)检修作业中靠近其他带电设备时,带电部分需设围挡,并悬挂相应的警示牌,作业过程中人员和机具与带电部分要保持足够的安全距离。
(5)严禁用水冲洗和用潮湿抹布擦洗电气设备。
(6)检修作业完成后,应全面清理和检查每面配电柜,无工具、材料遗漏在设备上,拆除安全措施,根据倒闸作业票或安全工作命令簿执行送电程序。

二、低压配电装置检修与维护内容及要求

1. 低压开关柜检修内容及要求

(1)检查柜体内卫生,柜内应无杂物、无积尘。
(2)检查各种开关有无烧损,是否固定完好。
(3)检查接触器、继电器是否接触良好,运行时有无噪声。
(4)检查熔断器是否接通良好。

(5)检查母排和引出线接头有无氧化。

(6)检查端子排编号是否完整、正确,检查端子接头有无损伤。

(7)检查所有电气连接螺栓是否牢固无松动。

(8)检查各接地部分和避雷装置,测量接地电阻并做好记录。

(9)检查各种灯光、音响信号、指示仪表,对于带远动的开关,还应检查开关是否在"远方位"。

(10)检查低压电容器有无渗油或胀鼓,接线桩头有无松动。

2. 智能照明控制柜检修内容及要求

(1)检查主机外观及内部是否干净、整洁,内部板卡有无积尘。

(2)检查控制箱内元器件有无破损、松动、异响、异味等。

(3)检查主机按钮及触摸屏是否操作正常。

(4)检查主时钟是否同步,主机时间是否正确。

(5)测试消防设备电源监控主备供电功能是否正常。

(6)检查接口通信线有无松动。

(7)检查回路接线、内部板卡连线有无松动。

3. 双电源切换箱检修内容及要求

(1)检查箱体内卫生,箱内应无杂物、无积尘。

(2)检查柜体各指示灯是否正确、无故障报警。

(3)检查接线端子有无松动,有无发热、烧黑、放电痕迹。

(4)检查各开关标识是否齐全完好。

(5)检查转换开关位置是否正确。

(6)检查元器件运行情况,声音有无异常、有无气味。

(7)检查箱体元器件有无破损、无松动,转换开关是否转动灵活。

(8)检查开关有无跳闸,分断是否正常。

(9)测试双电源切换装置电源切换功能是否正常实现。

(10)检查商铺、自助设备等有无违规用电,有无私拉乱接电线。

(11)测量各元器件及接线端子温度,检测各元器件及接线端子输入、输出电压是否电压正常。

(12)检查主进线端子有无异常。

(13)检查箱门是否能够锁紧、箱体漆层是否完好。

考核与评价

一、通用能力考核(20%)

评价内容	评分				得分	总分
	非常好	较好	一般	较差		
工作态度	27~30	22~26	16~21	<16		
团队合作	27~30	22~26	16~21	<16		
沟通表达	18~20	14~17	10~13	<10		
服从指挥	18~20	14~17	10~13	<10		

二、过程性考核(80%)

序号	考核内容	考核要点	评分标准	配分(分)	扣分(分)	得分(分)
1	准备作业	(1)工具准备(5分);(2)办理作业票(5分);(3)设置安全围挡,挂警示牌(5分)	(1)工具准备齐全,得5分;(2)按规程办理作业票,得5分;(3)正确设置安全围挡,挂警示牌,得5分	15		
2	低压开关柜检修与维护	低压开关柜检修与维护(20分)	按照低压开关柜检修的内容及要求进行操作,每少一项扣5分,扣完为止	20		
3	智能照明控制柜检修与维护	智能照明控制柜检修与维护(25分)	按照智能照明控制柜检修内容及要求进行操作,每少一项扣5分,扣完为止	20		
4	双电源切换箱检修与维护	双电源切换箱检修与维护(25分)	按照双电源切换箱检修的内容及要求进行操作,每少一项扣5分,扣完为止	30		
5	检修完毕	(1)全面清理配电柜(5分);(2)拆除安全措施(5分);(3)送电(5分)	(1)全面清理检查每面配电柜,无工具、材料遗漏在设备上,得5分;(2)拆除安全措施,得5分;(3)根据倒闸作业票或安全工作命令簿执行送电程序,得5分	15		
		总分		100		

知识拓展　城市轨道交通电力监控系统

一、城市轨道交通电力监控系统的应用和发展

电力监控系统(Power Supervisory Control And Data Acquisition,PSCADA),即数据采集与监视控制系统。城市轨道交通电力监控系统的控制对象为城市轨道交通供电系统的所有设备,因此,该系统的稳定运行对城市轨道交通供电系统供电好坏、稳定性及城市轨道交通运营安全起着至关重要的作用。

电力监控系统是以计算机及通信技术为基础的生产过程控制与调度自动化系统,对城市轨道交通变电所现场运行的供电设备进行集中监视和控制,以实现数据采集、设备控制、测量、参数调节及各类信号报警等各项功能,使调度中心实时掌握各个变电所设备的运行情况,保障城市轨道交通运营的安全。

电力监控系统是在供电系统设备(如断路器、隔离开关)的远程状态监视、远程控制的需求基础上发展起来的。20世纪50年代,我国就开始了电力监控系统的研究和开发工作。受硬件技术、通信手段的制约,电力监控系统并没有得到广泛的应用。20世纪90年代,操作终端计算机在我国迅速普及,使得电力监控系统的应用迈向新阶段。随着我国城市轨道交通的飞速发展,国内已有众多城市的轨道交通采用了电力监控系统,如北京地铁1号线、13号线,广州地铁1号线、2号线,上海地铁1号线、2号线、明珠线,大连快轨3号线,武汉地铁1号线一期工程,天津市区至滨海快速轨道交通等。这些工程实施的时间不同,技术水平相差较大,主要有传统继电器控制系统、分立电力监控系统和分布式电力监控系统3种类型。传统继电器控制系统是轨道交通系统最早采用的电力监控系统,继电保护系统仍沿用继电器保护,其最大的特点是变电站采用了集中式的远程终端结构,采用串行通道,中心未采用组网方式。分立电力监控系统开始在城市轨道交通中运用微机保护装置,并初步实现了分布的系统。但是受技术的限制,站内仍然存在大量的变送器、保护测量功能分离、站内总线速率较低、中心局域网络非交换以太网、信息传送存在不确定性等缺点。分布式电力监控系统在变电站内部间隔层单元全部采用了智能化的装置,取消了各种中央信号装置,并在城市轨道交通系统率先采用网络化的通信通道,真正实现了分层分布式的电力监控系统。

二、电力监控系统的基本组成

电力监控系统是一个分层分布式自动化系统,自下而上分别是间隔层设备、现场通信网络、变电站管理层、通信通道、调度中心局域网系统。

(一)间隔层

间隔层设备主要是指微机保护测控装置以及其他带有智能通信接口的设备,如变压器温度测控装置、交(直)流屏充电测控装置等。间隔层设备的最大特点是具有智能化的微机

单元,其基本功能的运作不依赖通信网络。例如,单条回路的微机保护测控单元,其保护功能是通过对该线路的电压、电流、开关状态等参数的采集,并经过保护装置内部电路的运算后输出信号控制开关的过程实现的;交(直)流屏充电测控装置的工作也是由该测控装置对充电机组的工作状态进行智能控制。

(二) 变电站现场通信网络

将各种间隔层智能装置通过现场通信网络进行连接组成变电站综合自动化系统。间隔层装置通信网络一般分为点对点的通信和总线型通信。其中,总线型通信方式的特点是传输距离长、节省连接电缆,应用较为广泛。变电站内部集成的装置种类比较多,各种装置的总线形式不一。

(三) 变电站管理层

变电站管理层作为变电站自动化系统的通信控制、后台机系统,承担着变电站综合自动化系统的通信管理、人机界面(MMI)交互以及运行管理的任务。变电站管理层的模式可调换:在有人值班管理方式下,可设人机界面工作站,该工作站运行相应的管理程序,对系统进行运行状态监视、遥控(遥调)操作,也可以对系统进行设置。这种变电站自动化系统实质就是一个本地的、小型的 PSCADA 系统。在无人值班管理方式下,变电站管理层的设备保留通信控制器预留接口,以便能使便携式计算机接入,对系统进行调试。

(四) 通信通道

通信通道在整个电力监控系统中具有重要的意义。它是调度中心与各被控站之间的桥梁纽带,是整个系统的神经中枢。根据不同的场合需求可选用不同的通道方式,既有点对点串行通信方式,也有采用网络通信方式。电力监控系统的变电站地理分布广泛,采用串行通道,利用电力载波、微波、电话线路等传输介质,速率稳定在几百波特,可达到基本的监视、控制目的。城市轨道交通系统的变电站分布在城市轨道交通沿线,沿线敷设有骨干通信网,骨干网终端设备可给电力监控系统提供通信通道或以太网通道,变电站与控制中心的可以实现信息传输。

(五) 调度中心局域网系统

调度中心局域网系统通常为 10/100Mbps 以太网,传输介质为屏蔽双绞线、多模光纤,局域网上接有主服务器、调度员工作站、维护工作站、打印机、大屏幕(模拟屏)驱动计算机等设备。

三、电力监控系统的功能

(一) 控制功能

电力监控系统可以对整个配电系统范围内的设备进行远程遥控操作。在同一时间内,只允许一台操作员工作站具有控制权,而其他操作员工作站控制权自动取消。只有具有控制权的计算机才能完成远程遥控操作。

(二) 信息处理与显示

各被控站上位监控单元将各种不同类型的信息实时地传递到 OCC,对各被控站供电设备运行状态的监控,实现遥信、遥测、报警处理和数据处理及打印等功能,具体如下:

(1)遥信功能。位置遥信状态包括:各种开关、刀闸、接触器的合、分状态;开关手车的工作、实验位置状态等。保护遥信为单位置遥信,状态包括:事故遥信的正常状态、故障状态;预告遥信的正常状态、预告状态。

(2)遥测功能。

①模拟量遥测:交流相/线电压、交流电流等电气量,变压器温度等非电量送至调度中心。

②数字量遥测:对交流电度、直流电度进行采集、遥测信号的采集和处理;变量的工程单位变换、超量程检查、零点嵌位、硬件故障处理、操作员强制和禁止处理、遥测信号的传送死区处理。

(3)报警处理和数据处理及打印功能。

(三)供电系统运行情况的数据归档和统计报表功能

分门别类保存操作信息、报警(事故、预告)信息的历史记录,以进行查询和故障分析;实现测量数据的日报、月报的统计报表。系统中可保留以下事件和数据记录:日志信息事件、模拟量遥测数据记录、事故追忆记录、SOE(Sequence of Event)事件记录、故障录波数据记录、设备报告事件记录。

(四)用户画面

配置动态显示的供电系统图、监控系统图、变电所主接线、记录、报警、接触网供电分段示意图、程控等用户画面。另外,还含有变电所盘面动态显示图。

(五)信息打印功能

所有操作、警报、报表信息均可根据需要在打印机上打印出来,当不需要打印、打印机关机或故障时,各种信息自动保存在硬盘的指定目录内。电力监控中心设画面拷贝机,事件、报表打印机,可进行图形、报表及事项打印。

(六)趋势显示

系统提供全部模拟量由用户自定义趋势显示功能,可以在线定义趋势组。趋势显示有曲线趋势和数字趋势两种显示方式。

(七)人机画面调阅显示

操作员可以通过键盘在显示器上调阅全部系统配置画面及用户组态定义画面。显示画面具有无级缩放、画面导航、漫游和热点选择功能。支持一机多屏显示,各屏能同时显示不同的画面内容;可用鼠标和键盘选择厂站名、索引表、热点、热键等调图;支持画面硬拷贝。画面显示类型中的各种类型的中文表格包括:索引目录表、电力系统实时数据表、越限工况显示表、事项顺序记录表、报警一览表、常用数据表、厂站设备参数表、静态信息表、备忘录等。

(八)信息查询

用户可设定时间和项目在系统中查询各种实时、历史信息。

(九)口令功能

登录用户的身份可根据需求进行分级,如运行操作员级、运行数据维护级、系统维护员级等。

(十)软件在线维护、修改、扩展功能

电力监控系统具有在线对应用软件维护修改功能,当数据库或用户画面由于某些原因发生数据变化或显示有误时,维护操作人员能调出数据库定义程序或画面编辑程序,对有关内容进行在线修改调整。当电力监控系统需增扩一些对象时,维护操作人员可根据数据库及画面编辑原则,对系统进行在线扩容。

(十一)系统容错能力、自诊断、自恢复功能

电力监控系统具有远方诊断功能,所有工作站均具有故障诊断功能,自检标志达到模块级。电力监控系统能对整个系统(包括外设接口,工作站)的运行状况实施监视,并能以图表来直观反映,并能报警提示维护操作人员,对运行设备的故障发生时间、恢复时间能自动记录。所有冗余的服务器均以热备份方式运行,一台服务器出现故障后,后台服务器自动切换投入运行,完成故障服务器的全部功能。

职业准备

全国劳模尹星

最美铁路人刘晓云

课后巩固

一、填空题

1. 城市轨道交通供电系统一般包括_____、_____、_____和动力照明系统。
2. 城市轨道交通牵引网主要由_____、_____、_____、_____和回流线组成。
3. 城市轨道交通的外电源引入方式分为_____、_____和_____三种形式。
4. 按照城市轨道交通车站用电负荷分类,地下区间照明属于_____负荷,附属房间照明属于_____负荷,广告照明属于_____负荷。
5. 应急照明装置内部结构主要包括_____、_____、_____、_____、监控单元及馈线单元等。
6. 低压开关柜的种类繁多,按结构特征分为_____、_____和_____。

二、简答题

1. 简述城市轨道交通车站降压所一级负荷设备供配电方式。
2. 简述环控电控室三级负荷设备供配电方式。
3. 简述应急照明装置的运行方式。
4. 某低压开关柜的防护等级是 IP65,请解释 IP65 所代表的含义。
5. 设计电气控制柜时,电器元件布置应遵循哪些原则?
6. 简述双电源切换箱的功能。

模块4

车站照明系统

学习引导

照明设施设备是城市轨道交通车站建设和正常运行过程中的重要设备。照明光源是城市轨道交通地下车站运营及乘客出行照明的唯一来源。随着时代的发展，城市轨道交通车站照明不仅要辅助乘客更好地完成乘车、在特殊和危险时刻完成安全疏散等活动，还要能美化车站、传播商业信息和展现文化艺术。总之，城市轨道交通车站照明系统在城市轨道交通中有重要的作用。

学习导航

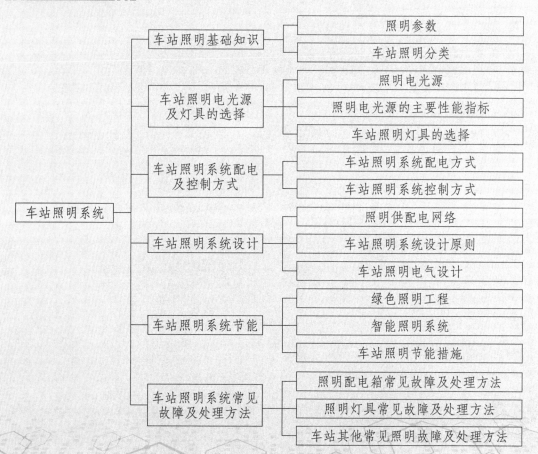

学习目标

知识目标

1. 了解车站照明参数、照明种类等基础知识。
2. 掌握车站照明配电系统及控制方式和车站照明设计内容。
3. 熟悉城市轨道交通绿色照明工程和智能照明系统的内容。

能力目标

1. 掌握车站照明电光源及灯具的选择方法。
2. 掌握城市轨道交通照明节能措施。
3. 掌握车站照明系统常见故障处理和运行维护。

素质目标

树立节能环保意识、科技创新意识将专业知识与国家发展战略相结合,在工作中有大局观、有所作为。

知识单元 4-1　车站照明基础知识

一、照明参数

(一) 照明

照明是以人们的生活、活动为目的的对光的利用,从广义上讲,照明包括对生命体、生物有作用的视觉与光信息、紫外线、可见光及红外线等各部分。

(二) 光

光是通过视觉与外界交流的媒介。如果没有光,我们将无法感知客观世界。光是一种能量,这种能量能从一种物体传播到另外一种物体表面,其传播形式是以直线方式传播。光可分为可见光和不可见光,人眼能够识别的电磁波谱,即波长 380~780nm 的为可见光。除了可见光以外的电磁波谱称为不可见光,如紫外线和红外线。

(三) 光通量

光源在单位时间内发出的光线称为光源的光通量。光通量用 p 表示,单位是流明(lm)。

(四) 光强度

光源在给定方向的单位立体角中发射的光通量定义为光源在该方向的光强度。光强度用 l 表示,单位是坎德拉(cd)。

(五) 亮度

亮度指发光体在某特定方向单位立体角单位面积内的光通量,用 L 表示,单位是坎德拉/平方米(cd/m^2)。

(六) 照度

照度是单位面积上受到的光通量,用 E 表示,单位是勒克斯(lx)。

(七) 色温

当某一种光源(热辐射光源)发出的光颜色与某温度下的完全辐射体(黑体)产生的光颜色完全相同时,完全辐射体(黑体)的温度简称色温,单位是开尔文(K)。色温是用来描述某发光体发出光线颜色的一个参数。

(八) 显色性

显色性指的是某照明光源对物体色表(该物体本身颜色或质感)的影响。该影响是由于观察者有意识或无意识地将它与参比光源(太阳光)下的色表相比产生的一种参数,称为光源的显色性。

(九)显色指数

显色指数是用来准确描述光源显色性的一种参数,用 Ra 表示。太阳光的显色性 Ra 为 100,即任何物体在太阳光的照射下,该物体具有最真实的颜色或质感。

二、车站照明分类

城市轨道交通车站的地下地域特征及运营性质决定了车站内照明种类的多样化,进而决定了照明配电回路的数量不亚于动力用电回路。车站照明系统为车站站台、站厅、设备、管理用房、通道及区间等提供照明。

(一)按照照明位置分类

城市轨道交通照明系统范围为车站降压所变压器后的照明设备、设备及线路,大致包括以下四部分:

(1)站台、站厅公共区的一般照明、节电照明、事故照明、广告照明。

(2)出入口的一般照明、事故照明、广告照明。

(3)设备及管理用房的一般照明、事故照明、出入口的疏散诱导指示照明。

(4)电缆廊道的一般照明及区间隧道的一般照明、事故照明。

(二)按照照明属性分类

按照照明属性及其作用的不同,照明系统分为不同的类型,主要有节电照明、标志照明、出入口照明、站台站厅照明、广告照明、事故照明、疏散诱导指示照明等。不同属性的照明分别在不同的领域发挥各自的作用。例如,标志照明保证乘客更为清晰、快速地获取标志信息。

(三)按照照明重要性分类

按照城市轨道交通照明负荷重要性,可将其分为三个等级,此三个等级的分类与动力设备负荷分类原则相一致。

一级照明负荷:节电照明、事故照明、疏散诱导指示照明、公共区工作照明。

二级照明负荷:设备区域一般照明、各类指示牌照明。

三级照明负荷:广告照明。

其中,一般照明是城市轨道交通车站地下通道、站厅、站台内设置灯具最多的一种照明。这种照明用来保证乘客在城市轨道交通车站内能安全地候车和上下车。

知识单元 4-2　车站照明电光源及灯具的选择

一、照明电光源

凡可以将其他形式的能量转换成光能,从而提供光通量的设备、器具统称为光源。其中,可以将电能转换为光能,从而提供光通量的设备、器具则称为电光源。常用的电光源按发光原理可分为热辐射光源、气体放电光源和固体发光光源等。热辐射光源是电流流经导电物体,使之在高温下辐射光能的光源,如白炽灯、卤钨灯。气体放电光源是让电流流经气体或金属蒸气(如汞蒸气),使之放电而发光,如荧光灯、高压汞灯、高压钠灯、金属卤化物灯以及氙灯等。各种气体放电灯一般都配备相应的电气附件,以保证光源的启动和工作特性。放电灯常用的附件有镇流器、启辉器和补偿电容等。固体发光光源是把发光体(如荧光粉、砷化镓等)置于光源的电极间,电极加上电压后将产生电场,由电场激励发光体发光,它是将电能直接转换成光能的过程,也称为场致发光或电致发光。例如,电致发光显示器、发光二极管组成的 LED 灯等都是固体发光光源。

实际应用中要根据照明场所的不同选择合适的电光源。

(一)白炽灯

白炽灯是最早使用的光源,即第一代光源。白炽灯是将灯丝加热到白炽的程度,利用热辐射发出可见光。白炽灯具有显色性好、结构简单、使用灵活、能瞬时点燃、无频闪现象、可调光、可在任意位置点燃、价格低等特点。

(二)卤钨灯

卤钨灯也是一种热辐射光源。灯头一般为陶瓷制,灯丝常做成螺旋形直线状,灯管多采用石英玻璃,灯管内充入适量的氩气和微量卤素碘或溴。因此,常用的卤钨灯有碘钨灯和溴钨灯。卤钨灯的发光原理与白炽灯相同,但比普通白炽灯光效高,寿命长,光通量更稳定,光色更好。

(三)荧光灯

荧光灯是一种低压汞蒸气放电灯。荧光灯具有表面亮度低,表面温度低,光效高,寿命长,显色性较好,光通量分布均匀等特点。荧光灯广泛用于进行精细工作、照度要求高或进行长时间紧张视力工作的场所。

(四)高压汞灯

高压汞灯发光原理与荧光灯一样,只是在构造上增加一个内管。它是一种功率大、光亮度高的光源,常用于空间高大的建筑物中。

(五)高压钠灯

高压钠灯是利用高压钠蒸气放电而工作的,具有光效高、紫外线辐射小、透雾性能好、光通量维持性好、可在任意位置点燃、耐震等特点,但其显色性差。

(六)金属卤化物灯

金属卤化物灯原理与高压汞灯类似,但在放电管中,除了充有汞和氩气外,还加充发光的金属卤化物(以碘化物为主)。金属卤化物灯光效高,显色性好,但平均寿命短。

(七)氙灯

氙灯利用高压氙气放电产生很强的白光,这种白光和太阳光十分相似。氙灯具有显色性好、功率大、光效高等特点。它主要用于广场、港口、机场、发电站、体育场、大型建筑工地等大面积、需要高亮度的照明场所。

(八) LED 灯

LED 灯以发光二极管作为光源,具有发光效率高,光线不含红外线和紫外线,无辐射,可靠耐用,维护费用低等特点。LED 灯已成为室内照明的主流。

城市轨道交通照明应选用高效、节能、环保的光源。

二、照明电光源的主要性能指标

通常用参数表示电光源的光电特性。这些参数由制造厂家提供给用户,作为选择光源的依据。照明电光源的主要性能指标如下。

(一) 额定电压

光源的额定电压是指光源及其附件所组成的回路所需电源电压的额定值。光源只有在额定电压下工作时才具有最好的效果,才能获得各种规定的特性。因此,在设计照明电气时,应保证电源的质量。

(二) 灯泡(灯管)功率

灯泡(灯管)在工作时所消耗的功率即灯泡(灯管)功率。通常灯泡(灯管)按一定的额定功率等级制造,额定功率指灯泡(灯管)在额定电流下所消耗的功率。

(三) 光通量输出

光通量输出是指灯泡在工作时所发出的光通量,是光源的重要性能指标。通常以额定光通量来表明光源的发光能力。光源在额定电压、额定功率条件下工作时的光通量输出即额定光通量。

光源的光通量输出与许多因素有关,但在正常使用下光通量输出主要与点燃时间有关,点燃时间越长其光通量输出越低。大部分光源在点燃初期(100h 以内)光通量的衰减较多,随着点燃时间的增加(100h 以后)光通量的衰减速度相对减慢。因此,光源的额定光通量有两种定义方法:一种是指光源的初始光通量,即新光源刚开始点燃时的光通量输出,一般用于在整个使用过程中光通量衰减不大的光源,如卤钨灯;另一种是指光源点燃了 100h 后的光通量输出,一般用于光通量衰减较大的光源,如白炽灯和荧光灯。

(四) 发光效率

光源的发光效率(简称光效)亦称经济效率,是光源消耗单位电功率所发出的光通量,即光源的光通量输出与它消耗的电功率之比。光效是表征光源经济效果的参数之一。其数值越高表示光效越高、越节能。所以对于光源使用时间较长的场所,如办公室、走廊、隧道等,光效通常是一个重要的考虑因素。

(五) 寿命

寿命是光源的重要性能指标,通常用点燃的小时数表示。光源从第一次点燃起,一直到损坏熄灭止,累计点燃的小时数称为光源的全寿命。电光源的全寿命有相当大的离散性,因此常用平均寿命和有效寿命来定义电光源的寿命。

(六) 光色

光源的光色包含色表和显色性,是光源的重要性能指标。光源的色表取决于光源的色温(相关色温),国际照明委员会将其分为三类,即暖色调光源、中间色调光源和冷色调光源。光源的显色性取决于光源的光谱功率分布,用显色指数表示。显色指数越大,表明光源的显色性越好。

(七) 启燃时间与再启燃时间

1. 启燃时间

光源接通电源到光源的光通量输出达到额定值所需要的时间就是光源的启燃时间。热辐射光源的启燃时间一般不足1s,可以认为是瞬时启燃的;气体放电光源的启燃时间从几秒到几分钟不等,取决于放电光源的种类。

2. 再启燃时间

正常工作着的光源熄灭后再将其点燃所需要的时间就是光源的再启燃时间。大部分高压气体放电灯的再启燃时间比启燃时间更长,这是因为再启燃时要求这类灯冷却到一定的温度后才能正常启燃,即增加了冷却所需要的时间。

启燃时间与再启燃时间影响光源的应用范围。例如,频繁开关光源的场所一般不用启燃时间和再启燃时间长的光源,应急照明用的光源一般应选用瞬时启燃或启燃时间短的光源。

(八) 闪烁与频闪效应

1. 闪烁

用交流电点燃电光源时,在各半个周期内,光源的光通量随着电流的增减发生周期性的明暗变化的现象称为闪烁。闪烁的频率较高,通常与电流频率成倍数关系。一般情况下,肉眼不易觉察到由交流电引起的光源闪烁。

2. 频闪效应

在以一定频率变化的光线照射下,观察到的物体运动呈现静止或不同于实际运动状态的现象称为频闪效应。具有频闪效应的光源照射周期性运动的物体时会降低视觉分辨能力,严重时会诱发各种事故,所以,具有明显闪烁和频闪效应的光源其使用范围受到限制。

三、车站照明灯具的选择

对于城市轨道交通系统,不同用途和位置的照明需要具备不同的特点,并进行特别的设计。例如,地下车站的照明以荧光灯为主,事故照明一般采用白炽灯,区间照明及站点下、折返线查坑、车辆段检查坑内的安全照明主要采用白炽灯等。目前,LED灯具日益发挥出节能耐用的优势,逐渐被广泛应用。

(1) 区间闸门灯具应具有防水、防尘和耐腐蚀等特点,应具有一定的遮光性能。光源一般采用60W的白炽灯或节能型荧光灯。

(2) 车站站厅、站台公共区照明以嵌入式格栅灯和筒灯为主。

(3) 无吊顶房间照明采用管吊式荧光灯和筒灯。

(4) 有吊顶房间照明采用嵌入式格栅灯、筒灯和吸顶灯。

(5) 有火灾危险的场所照明采用防爆灯。

总体来讲,车站照明灯具的选择不仅要考虑使用条件、配光亮度、照度等因素,还应考虑防触电保护、经济性、灯具外形与建筑物相协调等。在保证满足使用功能和照明质量要求的前提下,应对可供选择的灯具和照明方案进行经济合理性比较,主要考虑初始投资费、年运行费以及年维护费。在满足照明质量、环境条件和安全要求的情况下,尽量选用效率高、利用系数高、安装维护方便的照明灯具。另外,车站照明灯具的造型尺寸、外表面的颜色等应与建筑物协调,还可以通过采用艺术灯具(如壁灯、吊灯、特制的灯具等)来达到美化环境、衬托建筑的目的。

知识单元 4-3 车站照明系统配电及控制方式

一、车站照明系统配电方式

城市轨道交通车站照明系统采用380V三相五线制、220V单相三线制供电方式。为便于运营和管理,一般在车站站台层和站厅层的两端上下对齐位置各设置一间照明配电室,照明配电室内集中安装各类照明配电控制箱。

城市轨道交通车站照明系统的配电采用放射式和树干式相结合的方式,照明电源均由降压变电所相应回路提供。根据城市轨道交通车站照明系统用途、重要性的不同,其配电方式也有所不同。图4-1为某城市轨道交通车站一端照明系统配电图。

(一) 站台、站厅、设备及管理用房照明配电方式

一般情况下,车站站台、站厅的两端各设置一个照明配电室,集中安装各类照明配电控制箱。站台、站厅、设备及管理用房照明采用交流双电源交叉供电方式,电源分别由降压变电所的低压配电柜两段母线各馈出一路电源,分别输送至站台层和站厅层照明配电室的配电箱。

(二) 应急照明配电方式

应急照明是车站发生突发状况的"救命灯",其正常供电尤为重要。应急照明采用交流双电源互为备用供电。当一路供电电源故障时,另一路供电电源自动启用。当两路供电电源均失电后,应急照明由车站两端的应急照明电源装置(EPS)供电。因此,应急照明采用由

双电源切换+EPS集中供电方式,如图4-2所示。

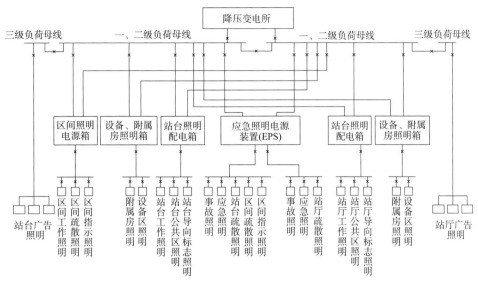

图4-1 某城市轨道交通车站一端照明系统配电图

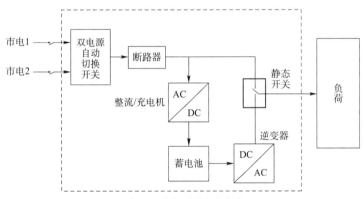

图4-2 应急照明配电方式

正常情况下,采用380V/220V交流电源给负荷供电,同时两路380V/220V交流电源自降压所的低压配电柜的两段母线各馈出一路电源至EPS电源装置,两路电源互为备用,当一路供电电源失电时另一路供电电源投入使用。在车站的两路供电电源都失电的情况下,EPS的蓄电池经逆变器逆变为交流电源向应急照明供电,蓄电池的持续放电时间在预期寿命期间不小于60min。

(三)广告照明配电方式

广告照明分布于车站出入口、廊道、站台、站厅等公共区域,采用日光灯灯箱的形式。广告照明为三级照明负荷,一般由照明配电室配电箱统一分配供给。在一些车站,广告照明由独立的三级负荷母线供电,与其他照明的供电电源分开。

(四)区间隧道照明配电方式

区间隧道照明分工作照明和疏散照明。区间隧道照明由设在站台两端隧道入口处区间隧道照明箱配出。区间隧道的工作照明灯和疏散照明灯安装在隧道两侧壁上,其中工作照明灯每间隔不超过20m,区间疏散照明灯每间隔不超过20m,工作照明灯和疏散照明灯相间交叉布置。

二、车站照明系统控制方式

车站照明系统分为三级控制,分别为就地级控制、照明配电室集中控制和站控室集中控制。

就地级控制是指各设备及管理用房进门处设有就地开关箱或就地控制盒,可控制相应设备及管理用房的一般照明。区间隧道一般照明由设于隧道两端入口处的区间隧道一般照明配电箱控制。

照明配电室集中控制是指照明配电室内设有相应照明场所的照明配电箱,可在室内集中控制相应场所的一般照明、应急照明及广告照明。正常情况下,配电箱所有开关均应合上,以便通过就地级控制和站控室集中控制相应场所照明。

站控室集中控制实现对站台、站厅公共区的一般照明、广告照明的手动/自动控制转换和人工控制及区间隧道一般照明手动控制,通过设备监控系统(EMCS)可监控站台、站厅公共区一般照明、广告照明的工作状态。

知识单元4-4 车站照明系统设计

车站照明不仅能够向乘客提供舒适明亮的乘车环境,还能够在发生事故或火灾时有利于疏散乘客,使乘客及时远离事故或火灾点,保证人身安全。因此,良好的车站照明设计非常重要。

一、照明供配电网络

照明供配电网络一般由馈电线、干线和分支线组成。馈电线是将电能从降压变电所低压配电柜送至总照明配电箱的线路。干线又分为主干线和支干线,其中主干线是将电能从总配电箱送至各个分照明配电箱的线路,支干线是从分配电箱引出的供给多个照明光源供电的线路。分支线是指将电能从各个支干线或分照明配电箱送至各个照明光源的线路。图4-3所示为典型照明供配电网络。

根据馈电线、干线和分支线的连接情况,照明供配电网络的接线方式可分为放射式、树干式、链式和混合式四种。

(一)放射式接线

如图4-4所示,放射式接线是多个分配电箱均用一条独立的干线与总配电箱连接。放射式接线干线之间互不干扰,当线路发生故障时,受影响停电的范围较小,供电可靠性较高。但放射式接线使用导线较多,占用的低压配电回路较多,投资费用较高。该方式多用于比较重要的负荷接线。

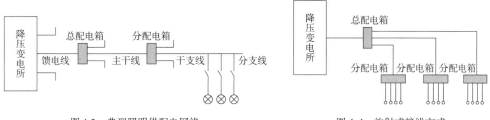

图 4-3　典型照明供配电网络　　　　图 4-4　放射式接线方式

(二) 树干式接线

如图 4-5 所示,树干式接线是仅从总配电箱引出一条干线至各分配电箱。树干式接线方式结构简单,投资费用和有色金属用量均较省,但在供电可靠性方面不如放射式接线。该接线方式一旦干线出故障,整条线路都会受影响,一般适用于不重要的照明场所。

(三) 链式接线

如图 4-6 所示,链式接线方式与树干式接线方式相似;二者的区别在于树干式接线的干线没有中间断点,而链式接线的干线在中间配电箱处是断开的。链式接线的投资费用和有色金属用量相对较少,供电可靠性也相对较低,一般适用于离变配电所较远、干线敷设较困难而彼此之间距离又较近的不重要的小容量设备。

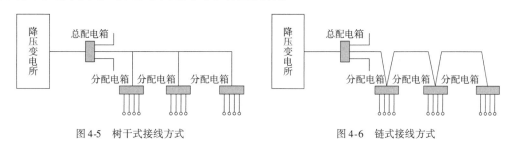

图 4-5　树干式接线方式　　　　图 4-6　链式接线方式

(四) 混合式接线

混合式接线是将放射式接线和树干式(链式)接线组合使用的方式,如图 4-7 所示。这种接线方式可根据负荷的位置、重要程度、容量等综合考虑。混合式接线的优缺点介于放射式接线和树干式接线之间,在实际工程中应用较为广泛。

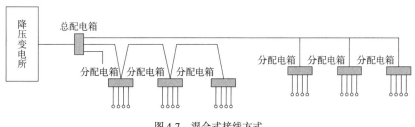

图 4-7　混合式接线方式

二、车站照明系统设计原则

车站照明功能多、要求高,因此在照明系统设计过程中,需注意以下设计原则:

(1)关于光源的亮度,应避免使出入车站的人员感受过大的亮度差别。
(2)光源的光色、亮度、色温应保证停留在车站内的人员感到安全和舒适。
(3)光源光色的选择和灯具的安装位置应不导致与信号图像相混淆。
(4)照明方式的选择应考虑视觉感知、照度、显色性、配光及布置方法等因素。
(5)车站各场所正常照明的照度标准应符合表 4-1 规定,根据建筑等级、使用情况、所处地区等因素,各场所照度可提高或降低一个照明等级。

照度标准　　　　　　　　　　　　表 4-1

位置	照度(lx)	参考平面	位置	照度(lx)	参考平面
车站出入口门厅	150	地面	机电综控室	300	台面
站内楼梯/扶梯	150	地面	车站控制室	300~500	台面
通道	150	地面	计算机机房	500	台面
售票厅、自动售票机	300	台面	档案室、资料室	200	台面
检票口	300	台面	站长室	300	桌面
地下站厅	200	地面	客务中心	300	桌面
地下站台	150	地面	公安值班室	300	桌面
地上站厅	150	桌面	站台值勤室	300	桌面
地上站台	100	地面	设备用房	150	地面
办公室、会议室	300	台面	风机、水泵房	100	地面
休息室	100	0.75m 水平面	风道	10	地面
盥洗室、卫生间	100	地面	隧道	5	地面

(6)照明灯具的选择应充分考虑照度充足均匀、维修方便、安全等因素。
(7)照明灯具的布置应保证照度要求、整齐美观,与建筑空间协调,光线射向适当,无眩光、无阴影。
(8)在安全可靠的前提下,车站照明系统应做到节能降耗,并综合考虑一定的文化和艺术气息。

三、车站照明电气设计

车站照明电气设计是车站电气系统设计的一个重要组成部分。车站照明电气设计是在光照设计的基础上,保证车站照明光源和灯具能安全、可靠、经济地运行。

(一)车站照明电气设计基本要求

1.安全

安全是第一要求,车站照明电气设计应严格执行有关规程,力求把人身触电事故和设备损坏事故降到最低。

2. 可靠

供电可靠即供电的不间断性,应保障车站照明负荷供电的持续性。

3. 经济

车站照明电气设计应在安全、可靠的基础上考虑经济、节能,尽可能降低投资和运行费用。

4. 便利

车站照明电气装置的选用和设置应考虑使用、维护方便。

5. 美观

整个车站照明系统的布线方式、线路敷设、灯具的外形及安装方式等尽可能与车站原有建筑物相协调,尽量不破坏原有建筑物的美观。

6. 发展

车站照明电气设计以车站近期建设为主,适当考虑未来发展的可能性。

(二) 车站照明电气设计主要任务

车站照明电气设计的主要任务可归纳如下:

(1) 根据车站的结构特点和照明负荷的性质、等级选择供电电压和配电方式,确保照明设备对电能质量的要求,以保证照明质量和照明设备的使用寿命。

(2) 计算车站照明负荷,根据车站各场所照度要求和照明负荷情况确定灯具类型和数量,正确选择导线型号、控制电器与保护电器的规格型号。

(3) 确定控制方式。选择合理、方便的控制方式,以便照明系统的管理、维护和节能。

(4) 确定保护方法。选择合理的保护方法,以确保照明设备和人员的电气安全。

(三) 车站照明电气设计步骤

(1) 收集原始资料、查看相关规范,了解车站的结构特点,明确车站电源情况、照明负荷性质、负荷等级及负荷对供电连续性的要求。

(2) 根据车站照明负荷性质和等级确定供电电源形式,选择供电电压。

(3) 根据车站的结构特点确定车站照明配电系统,包括划分配电分区,确定配电箱的数量、安装位置及配电网络的接线方式。

(4) 根据车站各场所照度要求和照明负荷性质确定照明灯具类型和数量,选择控制电器与保护电器的规格型号。

(5) 根据照明灯具类型和数量,确定照明灯具的控制方式和开关的数量及安装位置。

(6) 选择照明线路各级保护设备,确定照明配电系统的接地形式、防雷接地等电气安全措施。

(7) 进行负荷计算、电压损失计算、无功功率补偿计算和保护装置整定计算。

(8) 选择导线型号及敷设方式。

(9) 确定电能的计量方式。

知识单元 4-5　车站照明系统节能

一、绿色照明工程

20世纪90年代初,美国国家环保局提出绿色照明的概念,其内涵包含高效节能、环保、安全、舒适4项指标。高效节能意味着以消耗较少的电能获得足够的照明,从而显著地减少发电产生的大气污染,达到环保的目的。安全、舒适指的是光照清晰、柔和及不产生紫外线、眩光等有害光照,不产生光污染。我国一向重视节能环保,于1996年结合照明行业和电力工业发展现状,提出了"中国绿色照明工程",其中节约照明用电是重要方面。节约照明用电是在保障照明的前提下,推广高效节能的照明器具,提高电能利用率,提升照明质量,改善照明环境,减少环境污染。

(一)绿色照明宗旨

(1)保护环境,包括减少照明器具生命周期内的污染物排放,采用洁净光源、自然光源和绿色材料,控制光污染。

(2)节约能源,以节能灯替代传统照明灯,高效电光源可使冷却灯具散发出热量的能耗明显减少。

(3)有益健康,提供舒适、愉悦、安全的高质量照明环境。

(4)提高工作效率。

(5)营造体现现代文明的光文化。

(二)绿色照明措施

实施可持续发展战略,应把节约照明用电放在首位,提高资源利用效率,如合理采用电光源、电器附件、灯具、配线器材,以及调光和控光器件等。

1. 采用高效节能的电光源

采用高效节能的电光源,包括用卤钨灯取代白炽灯、用自镇流单端荧光灯取代白炽灯、用直管型荧光灯取代白炽灯、采用升级换代的直管型荧光灯、大力推广高压钠灯和金属卤化物灯的应用、推广低压钠灯的应用、推广LED灯的应用等。

2. 采用高效节能的照明灯具

选用配光合理、反射效率高、耐久性好的反射式灯具,选用与光源、电器附件协调配套的灯具。

3. 采用高效节能的电器附件

采用节能电感镇流器和电子镇流器取代传统的高能耗电感镇流器。

4. 采用各种照明节能的控制设备或器件

采用光传感器、热辐射传感器、超声传感器、时间程序控制器等进行直接或遥控调光。

(三)绿色照明的发展目标

1. 无汞

汞是一种有毒的重金属,在电子产品或电器产品中获得应用,尤其是在荧光灯中。汞不溶于水,挥发出的汞蒸气有剧毒,会污染空气。因此,通过淘汰液态汞工艺、减少单只灯含汞量,最终减少照明的用汞量和汞排放。

2. 节能

照明设计应节约能源,不仅照明设备要节电运行,而且光源和灯具从原材料至成品的生产过程也应有利于节能。

3. 节材

照明光源及其附件在生产过程中要节约耗用黑色金属、有色金属、稀有金属和非金属材料。

4. 制造工艺环保

照明光源及其附件的生产和制造,在保证照明光源及附件的功能、质量、成本的前提下,应综合考虑环境影响和能源效率,减少废物排放。比如,采用无毒、无溶剂树脂与密封材料,采用水溶性树脂,等等。

5. 无有害的射线

射线对人体造成的危害非常严重,包括造血器官损伤、消化系统损伤、中枢神经损伤等。照明光源应无紫外线等成分,避免对环境和人类造成影响。

6. 寿命长

照明光源及其附件应耐用性好、使用寿命长。

7. 无电磁干扰

随着照明设备迅速发展,其功能越来越多、工作频率越来越高,导致了电磁兼容性越来越差。照明设备运行时应无高次谐波分量泄漏,避免影响其他电气设备运行。

8. 对电网无危害

照明光源及其附件运行时应谐波含量少,减小谐波对电网的污染。功率因数高,启动时浪涌小,减少对其他电气设备产生干扰。

9. 废弃物可回收

照明光源及其附件失效后,废弃物可回收,无环境污染的后患。

(四)绿色照明的未来发展要求

1. 提高光源的性能和技术参数

通过多种技术革新进一步提高发光效率、显色性能和使用寿命。

2. 光源产品将有更好的环境保护效果和视觉效果

研究更多减少污染的有效措施,如研制少汞和无汞的放电灯,缩小荧光灯管管径和改进荧光粉涂覆工艺,以减少荧光粉用量。

进一步发展高频荧光灯和直流荧光灯,提高发光稳定性,消除频闪效应,降低电磁辐射,消除噪声,以改善环境保护效果和视觉效果。

3. 光源进一步向紧凑和小型方向发展

研制管径更细的荧光灯和多种形式的紧凑型荧光灯,以减少制灯材料用量,特别是有害物质的耗量。同时,提高光源的光效,减小灯具尺寸,提高灯具效率。

4. 广泛应用电子技术

电子技术飞速发展,在光源和配套电器附件制造中也开辟了新路径,未来在高频放电灯、直流荧光灯、高频感应灯、微波灯等寿命更长、显色性更好、光效更高的光源中将有更好的应用。

5. 研制新品种

照明灯具应随光源的发展而研制新的品种,适应新光源的需求。视觉条件要求较高的场所需要的是效率高、配光更适应的灯具,因此,催生更多品种的照明灯具以满足各种场所的需求。

6. 充分利用太阳能

太阳能取之不尽、用之不竭,既清洁又环保。践行绿色照明的要求,应积极研究将太阳能在照明领域得到更充分的应用,例如,发明更小尺寸、更高效率、更大容量的太阳能蓄电池等。

二、智能照明系统

据统计,城市轨道交通照明用电约占整个轨道交通工程用电量的10%,城市轨道交通的照明负荷大多是长期工作的,会带来大量且持续的电能损耗。因此,在城市轨道交通照明方面节能具有较大的环保意义和经济效益。如果采用智能照明合理控制调节,既可以提高照明质量,又可以达到节约电能的目的。

(一) 智能照明系统概述

智能照明是近年来发展起来的一种新型照明控制模式。智能照明的主要原理是利用计算机、通信网络、智能化信息处理、节能型电器及节能型灯具终端等组成智能化照明控制系统,具有灯光软启动、灯光亮度调节、定时控制、场景设置等功能,并达到预定的节能效果。

城市轨道交通车站智能照明控制系统包括硬件系统和软件系统两部分。其中,硬件系统主要包括电源模块、时控模块、继电器模块、光纤传感器、通信接口、相关线缆等;软件系统主要包括操作系统、系统编程软件、图形监控软件、接口协议等。城市轨道交通车站智能照明控制系统一般采用集中控制分散执行的模式。集中控制模块一般安装在车站总照明配电箱内,起到综合管理的作用。智能照明控制系统中的时钟控制模块、照明控制终端、数据传送单元及数据转换单元均设置在车站控制室内。

一般来讲,城市轨道交通车站智能照明模式包括全亮模式、节电模式、清扫模式、停运模式。某车站各模式下车站各种照明的开关情况见表4-2。

某车站各模式下车站各种照明的开关情况　　　　　表4-2

模式	公共区正常照明	广告照明	区间工作照明	应急照明	时间点
全亮模式	开(100%)	开	关	开	视情况手动开启
1/5 节电模式	高(80%)	开	关	开	07:00—09:00 16:00—21:00
1/2 节电模式	中(50%)	开	关	开	06:20—07:00 09:00—16:00 21:00—23:00
清扫模式	低(30%)	开	开	开	23:00—次日06:20
停运模式	关(0%)	开	开	开	视情况手动开启

(二) 智能照明的优点

智能照明的优点如下：

(1) 提高管理和维护效率。采用智能照明控制系统可控制照明灯具的通断，同时，运营管理人员可以通过操作屏直观地观看车站照明的运行状况，省去了去现场逐个管理和检查灯具的运行，从而大大提高了灯具管理和维护工作的效率。

(2) 节约用电。智能照明控制系统通过主控制器对单元调光器进行定时设置和控制，不仅可以满足不同外部条件下灯具场景的效果，而且通过智能调节，可以在对照度需求小的时候降低能耗，达到节能的效果。

(3) 延长灯具使用寿命。智能照明控制系统可以通过编程处理，实现照明灯具的软启动和逐级调光，避免照明灯具灯丝的热冲击。同时，智能照明控制系统控制各个回路逐一启动，能有效减少来自电网的冲击电压及浪涌电压带来的损耗，从而降低照明灯具的损耗，延长照明灯具的使用寿命。

(4) 减少接口和控制电缆。传统 BAS 系统控制模式下，每个被控回路需对应设置控制点和信息采集点，采用智能照明控制则 BAS 系统只与智能照明系统之间设有接口，照明控制内部接口全部由智能照明系统主机实现，大大减少了接口数量和控制电缆的敷设。

三、车站照明节能措施

城市轨道交通作为公用设施中耗能最大的基建项目，在保证其安全和功能的前提下降低能力损耗是目前的一个重要课题。车站照明系统是维持城市轨道交通正常运行的重要部分，负荷量大且工作时间长，因此车站照明系统的节能意义重大。在保证照明质量的前提下，可从以下几方面采取措施，降低车站照明系统能耗。

(一) 节能设计

在设计初期，应根据用电负荷的分布特点，在负荷中心合理设置照明配电室，以减少线路损耗。根据预测客流的多少，合理划分照明供电回路，以减少电能损耗。

(二) 科学选用电光源

科学选用电光源是照明节能首要解决的问题。

(1) 荧光灯是预热式热阴极低压汞弧光放电灯,它与普通白炽灯泡相比,具有发光效率高、寿命长、色表和显色性好的优点,适用于地下车站站台、站厅公共区、设备房以及办公房内照明,尤其是近年发展起来的紧凑型稀土荧光灯管在工业和民用中使用广泛。

(2) 金属卤化物灯是高压汞、金属卤化物蒸气放电灯泡,具有发光效率高、光色好、体积小等优点,广泛适用于高净空场合安装。

(3) LED技术的发展开辟了照明技术革命的新时代,由于LED灯具具有体积小、寿命长、电光效率高、环保节能等诸多优点,使得LED路灯照明技术得到了迅速发展。

(三) 合理选用高效节能照明灯具及附件

灯具的主要功能是合理分配光源辐射的光通量,满足环境和作业的配光要求,并且不产生眩光和严重的光幕反射。选用高效节能的照明灯具及附件是车站照明节能最直接的方法,在选用照明灯具及附件时,除考虑环境光分布和限制炫目的要求外,还应考虑自身损耗、功率因数。例如,选用节能型荧光灯和寿命长、光效高的LED灯具以及高效节能的电子镇流器。

(四) 合理设计照度

选择合适的照度是照明设计的重要环节。照度过低会影响城市轨道交通正常运营,降低乘客通行的舒适感,而照度过高则会浪费电力。因此,应采用照明功率密度和照度相结合的设计方式,充分利用室内受光面的反射性,提高光的利用率,起到节电的作用。在装饰设计过程中,需在适当的部位结合照明设计的要求采用反射率比较高的材料。

(五) 设置合理的照明控制方式

采用智能照明系统进行集中控制,设定多种照明运行模式,对不同时间、不同环境的光照度进行精确设置和合理管理。根据不同场合及人流量进行时间段、工作模式的划分,关掉不必要的照明,在需要时自动开启。在保证必要照明的同时,有效减少灯具的工作时间,节省不必要的能源开支,同时还可延长灯具的使用寿命。

(六) 利用新能源

在条件允许的情况下,车站照明系统可以辅以新能源的应用,如在地下站出入口或高架站安装太阳能光伏板,利用太阳能发电,为车站提供照明的辅助电源。

(七) 节能管理

从管理的角度出发,全面地梳理和完善用能设备的操作规程,制定节能管理制度、考核和奖惩制度,确保管理节能制度落实到位。加强对工作人员进行节能意识宣传,做好节能工作的培训,深入开展节能活动,提高员工节能工作的积极性。

知识单元 4-6　车站照明系统常见故障及处理方法

一、照明配电箱常见故障及处理方法

城市轨道交通车站照明配电箱常见故障及处理方法见表 4-3。

城市轨道交通车站照明配电箱常见故障及处理方法　　表 4-3

故障现象	故障原因	处理方法
配电箱总开关和某一分开关跳闸	(1) 总开关损坏	断开已跳闸的分开关,分合总开关;若总开关仍然跳闸,则总开关损坏,更换总开关
	(2) 某回路短路或对地故障	用万用表检查回路,排除短路故障
配电箱总开关跳闸	(1) 总开关容量过小	用钳形表测量总回路电流,比较总开关额定电流是否相当,否则更换大容量总开关
	(2) 总开关损坏	更换总开关
开关面板受潮引起跳闸	开关面板墙壁有水引起短路跳闸	停电,拆除开关,待墙面防水处理后恢复

二、照明灯具常见故障及处理方法

(一) 荧光灯常见故障及处理方法

荧光灯常见故障及处理方法见表 4-4。

荧光灯常见故障及处理方法　　表 4-4

故障现象	故障原因	处理方法
灯具掉落	支座固定螺栓眼不牢或螺栓松动	重新打眼,紧固螺栓
灯管不亮	(1) 电源电压过低	检查电源是否正常
	(2) 灯管座与灯管接触不良	转动灯管或将灯管座向灯管方向挤压,使其接触良好
	(3) 电路连接松动	检查接线,使其牢固
	(4) 灯管漏气或灯丝已断	观察荧光粉有无变色或用万用表检查,如灯管已坏,更换灯管
	(5) 接线错误	对照接线图检查线路,更改接线
	(6) 灯管损坏	更换灯管

续上表

故障现象	故障原因	处理方法
灯管两端发光而中间不亮	(1)灯管慢性漏气	更换灯管
	(2)环境温度过低	提高环境温度或加保温罩
	(3)电源电压过低	检查并调整电源电压
	(4)灯管达到寿命期限	更换灯管
灯管闪烁,但不亮	(1)环境温度过低,管内气体无法分离	提高环境温度或加保温罩
	(2)天气潮湿	降低环境湿度
	(3)电源电压低于荧光灯启动电压	检查并调整电源电压
	(4)灯管老化	更换灯管
灯管闪烁,忽亮忽暗	(1)接触不良	检查线路连接和接触情况
	(2)镇流器质量不好或与灯管不匹配,没有起到限流作用	更换镇流器
	(3)灯管质量不好	若是新灯管,可不用处理,使用一段时间后这一现象会消失
发光后立即熄灭	(1)接线错误	检查线路,纠正接线
	(2)镇流器短路	更换镇流器
	(3)灯管漏气或损坏	更换灯管
关灯后灯管仍有微光	(1)开关接在零线上	将开关接在相线上
	(2)开关漏电	修理或更换开关
	(3)新灯管暂时出现的现象	可开关几次,这种现象可消失

(二)金属卤化物灯常见故障及处理方法

金属卤化物灯常见故障及处理方法见表4-5。

金属卤化物灯常见故障及处理方法 表4-5

故障现象	故障原因	处理方法
不能启辉	(1)电源电压过低	调整电源电压
	(2)镇流器损坏	更换镇流器
	(3)开关接线柱线头松动	紧固接线
	(4)安装不正确或灯泡损坏	重新正确安装或更换灯泡
灯不亮	(1)水银蒸气未达到足够压力	如果电源和灯泡都无故障,通电几分钟灯泡会发出光亮
	(2)电源电压过低或有较大波动	调整电源电压至额定值
	(3)镇流器选用不当	更换合适的镇流器
	(4)镇流器接线错误或接线松动	更改接线,使接触良好
	(5)灯泡损坏	更换灯泡

续上表

故障现象	故障原因	处理方法
灯闪亮后立即熄灭	(1)电源电压过低	调整电源电压
	(2)线路断路	检查线路,排除故障
	(3)灯座、镇流器或开关接线松动	检查线路,紧固接线
	(4)灯泡损坏	更换灯泡
灯忽亮忽暗	(1)电源电压波动	检查电源电路,必要时采用稳压镇流器
	(2)灯座接触不良	修复或更换灯座
	(3)灯泡螺口松动	紧固螺口或更换灯泡
	(4)镇流器故障	更换镇流器
	(5)连接线头松动	紧固连接线
灯发光正常,但不久后昏暗	(1)电源负荷增大	检查电源负荷,适当降低负荷
	(2)镇流器绝缘能力降低	更换镇流器
	(3)由于震动,灯泡接触松动	消除震动或采用耐震灯具
	(4)连接线松动	紧固连接线
灯熄灭后,立即接通开关灯长时间不亮	(1)灯罩过小或通风不良	更换大尺寸灯具或改用小功率灯泡
	(2)灯泡损坏	更换灯泡
	(3)电源电压下降	调整电源电压
灯泡闪烁	(1)镇流器不合适	更换合适的镇流器
	(2)接线错误	更改接线
	(3)电源电压下降	调整电源电压
	(4)灯泡损坏	更换灯泡
	(5)灯具损坏	更换灯具或重新接线
灯泡发黑	(1)灯泡慢性漏气	更换灯泡
	(2)双金属片开关失效	更换灯泡
	(3)电源电压过高	降低电源电压
	(4)频繁开关	规范操作

三、车站其他常见照明故障及处理方法

(一)车站站厅、站台、管理用房局部或大面积照明灯不亮处理办法

(1)首先确认不亮照明灯在站内所处的位置。
(2)根据方位找到相应的配电室或公共区域的配电箱,确认照明配电箱箱门上的指示灯

是否处于合闸状态。

(3)确认进线电源正常后打开相应的照明配电箱,找到跳闸的照明开关,并将跳闸的照明开关合上,如不能合上,可根据表4-3列示方法排除故障。

(4)合上照明开关后检查该区域照明是否恢复,如未能恢复,可根据表4-3列示方法排除故障。

(二)车站站厅、站台、管理用房部分插座没电处理办法

(1)首先确认没电插座在站内所处的位置。

(2)根据方位找到相应的配电室,确认照明配电箱箱门上的指示灯是否处于合闸状态。

(3)确认进线电源正常后打开相应的照明配电箱,找到跳闸的插座开关,并将跳闸的插座开关合上,如不能合上,可根据表4-3列示方法排除故障。

(4)合上插座开关后检查该区域插座供电是否恢复,如未能恢复,可根据表4-3列示方法排除故障。

(三)车站站厅、站台部分导向标志牌不亮处理办法

(1)首先确认导向标志牌在站内所处的位置。

(2)根据方位找到相应的配电室,打开导向标志柜找到跳闸的开关,合上跳闸的开关,如不能合上,可根据表4-3列示方法排除故障。

(3)合上开关后检查该导向标志牌是否恢复正常,如未能恢复,可根据表4-3列示方法排除故障。

技能单元 4-1　荧光灯照明电路连接

技能目标

了解荧光灯照明电路的构成及荧光灯照明电路工作原理;根据实际需求连接荧光灯照明电路。

情境引入

荧光灯照明电路连接与调试是低压电工应具备的最基本的操作技能,通过动手安装和调试电路,能掌握电工技能,如正确使用工具、掌握安全操作规程和电路接线方法等,还能增强故障诊断与排除能力,为将来从事电气工程相关工作打下坚实基础。

任课教师可根据课程标准、实训条件、区域企业岗位技能要求等灵活设置工作情景,有针对性地进行考核。

技能实作

荧光灯是日常生活中常见的一种光源,具有光效高、光线柔和、使用寿命长、节能等特点,适用于大范围照明。

一、荧光灯照明电路的构成

荧光灯照明电路主要由荧光灯管、镇流器、启辉器等部分组成。

1. 灯管

灯管是荧光灯照明电路的发光主体,灯管的两端有灯丝,灯管内充满了惰性气体及少量水银,管壁上涂有荧光粉,当管内产生弧光放电时,水银变成蒸气,辐射出大量的紫外线,管壁上的荧光粉在紫外线的激发下,辐射出接近日光的光线。荧光灯灯管产生弧光放电的条件有两个:一是灯丝要预热并发射热电子,二是灯管两端需要加一个较高电压,使管内气体被击穿放电。通常荧光灯管本身不能直接在220V电源上使用。

2. 镇流器

镇流器是一个带铁芯的电感线圈。按结构划分,镇流器可分为单线圈式和双线圈式。单线圈式镇流器应用较广。镇流器的作用是和启辉器结合起来,为灯管提供一个高电压,使灯管内的气体被击穿放电,工作时限制灯管电流。

3. 启辉器

启辉器有两个电极,分别是双金属片和固定静片;两个电极之间有一个小容量的电容器。一定数值的电压加在启辉器两端时,启辉器产生辉光放电,双金属片因放电而受热伸直,并与固定静片接触,而后启辉器因双金属片与固定静片接触,放电停止,冷却后自动分开。启辉器的作用是通过辉光放电使电路突然闭合后又瞬间断开,使镇流器两端产生瞬时高压。

二、荧光灯照明电路的工作原理

工作原理:当开关接通的时候,电源电压通过镇流器和灯管灯丝加到启辉器的两极。220V 的电压立即使启辉器的惰性气体电离,产生辉光放电。辉光放电的热量使双金属片受热膨胀,两极接触。电流通过镇流器、启辉器和两端灯丝构成通路。灯丝很快被电流加热,发射出大量电子。这时,由于启辉器两极闭合,两极间电压为0,辉光放电消失,管内温度降低,双金属片自动复位,两极断开。在两极断开的瞬间,电路电流突然切断,镇流器产生很大的自感电动势,与电源电压叠加后作用于灯管两端。灯丝受热时发射出大量电子,在灯管两端高电压作用下,电子以极大的速度由低电势端向高电势端运动。在加速运动的过程中,碰撞管内氩气分子,使之迅速电离。氩气电离生热使水银产生蒸气,随之水银蒸气也被电离,并发出强烈的紫外线。在紫外线的激发下,管壁内的荧光粉发出近乎白色的可见光。

荧光灯正常发光后,由于交流电通过镇流器的线圈,线圈中产生的自感电动势阻碍线圈中的电流变化,这时镇流器起降压限流的作用,使电流稳定在灯管的额定电流范围内,灯管两端电压也稳定在额定工作电压范围内。由于这个电压低于启辉器的电离电压,所以并联在灯管两端的启辉器也就不再起作用了。

荧光灯照明电路的工作原理图如图 4-8 所示。

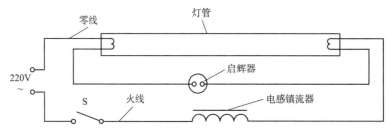

图 4-8 荧光灯照明电路的工作原理图

三、荧光灯照明电路的连接

荧光灯照明电路的连接过程如下:

(1)把两个灯座固定在灯架左右两侧的适当位置(以管灯长度为标准),把启辉器座安装在灯架上。

(2)用单根导线连接灯座接线柱、启辉器座上的接线柱和灯座接线柱;将镇流器的一根引出线与灯座的接线柱相连接,将电源线的中性线与灯座的接线柱连接,开关的相线与镇流器的另一根引线连接。

(3)将启辉器装入启辉器座中,把灯管装在灯座上,要求接触良好。为了防止灯座松动时灯管脱落,可用白线把荧光灯绑扎在灯架上,最后再把荧光灯悬挂在预定的地方。

(4)接通电源进行试验。

需要注意的是,接线时一定要认真仔细,不可接错。通电试验时,必须经指导教师检查无误后,才能通电操作,试验中一定要注意安全操作。使用万用表时,要注意挡位和量程的选择。

荧光灯照明电路的接线图如图4-9所示。

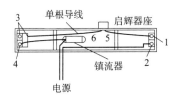

图4-9 荧光灯照明电路的接线图
1、2、3、4-灯座接线柱;5、6-启辉器座上的接线柱

考核与评价

一、通用能力考核(20%)

评价内容	评分				得分	总分
	非常好	较好	一般	较差		
工作态度	27~30	22~26	16~21	<16		
团队合作	27~30	22~26	16~21	<16		
沟通表达	18~20	14~17	10~13	<10		
服从指挥	18~20	14~17	10~13	<10		

二、过程性考核(80%)

序号	考核内容	考核要点	评分标准	配分(分)	扣分(分)	得分(分)
1	准备作业	工具准备(10分)	工具准备齐全得10分	10		
2	电路连接	连接荧光灯照明电路(50分)	按照荧光灯照明电路的接线图连接电路,配件安装正确、电路连接正确得50分	50		
3	通电试验	连接好的荧光灯照明电路通电试验(30分)	闭合开关,荧光灯照明电路无故障、荧光灯亮得30分	30		
4	整理试验台	收整工具、整理试验台(10分)	工具放置在指定位置,试验台干净整洁得10分	10		
		总分		100		

技能单元 4-2　车站照明系统检修与维护

技能目标

掌握车站照明系统安全操作规程;掌握照明配电箱、照明设备和区间照明设备及配电箱检修与维护内容。

情境引入

车站照明系统的检修与维护不仅关乎安全、效率与乘客体验,也是实现节能减排、成本控制和安全运营的重要环节。定期对照明系统进行检修和维护可以及时发现并修复潜在问题,避免小故障演变成大问题,从而延长照明设备的使用寿命,降低更换频率和总体维护成本。

任课教师可根据课程标准、实训条件、区域企业岗位技能要求等灵活设置工作情景,有针对性地进行考核。

技能实作

一、车站照明系统安全操作规程

车站照明系统安全操作规程是相关工作人员操作和维护维修照明设备时必须遵守的规章和程序,具体如下:

(1)严格遵守相关安全管理制度,严格执行各项规章制度,严格遵守消防安全管理制度。

(2)操作人员经考试合格取得操作证方准进行操作,操作人员应熟悉设备的位置、性能、操作方法等,并遵守安全和交接班制度。

(3)工班巡检人员应熟知各设备的位置、性能和操作方法,并按照巡检记录表进行设备设施巡查。

(4)作业前,操作人员要严格执行部令要求,做好全部准备工作,并佩戴好绝缘用品和绝缘工具。操作和维护设备时,操作人员必须严格按照相关的设备操作规程以及安全操作规范进行作业。

(5)操作时,要坚持一人操作、一人监护的制度,认真执行工作票、作业票的工作程序要求。

(6)照明灯具、标识、防护设施完好,各类工器具、物品等应放置有序,严禁私自挪用和破坏。

(7)在计划检修期间进行检修作业等工作时,必须事前申报作业计划,填写作业任务书,严格执行工作票、作业票的工作程序要求,做好安全交底与技术交底工作。

(8)检修电气设备时,必须断开电源开关,用绝缘工具取下熔断器,并在电源开关把手上悬挂"禁止合闸有人工作"标示牌。工作前必须验电或根据需要采取其他安全措施,作业时应有专人监管,确保人员安全。

(9)检修工作结束后,应清扫现场、清点工具和材料,检查绝缘电阻是否达到规定值。恢复送电时,应戴绝缘手套。

二、车站照明系统检修与维护内容及要求

车站照明系统检修的项目主要包括照明配电箱检修、照明设备检修和区间照明设备及配电箱检修。

1. 照明配电箱检修与维护内容及要求

(1)检查照明配电箱外壳及箱体内卫生,箱内应无杂物、无积尘。

(2)检查开关、熔断器有无烧损,是否固定完好,接线有无松动。

(3)检查照明线路导线绝缘是否良好,有无断线或短路的情况。

(4)检查主进线端子有无异常。

(5)检查箱门是否能够锁紧、箱体漆层是否完好。

2. 照明设备检修与维护内容及要求

(1)检查照明灯具及其附件、开关是否完好,有无松动、脱落等现象,检查照明灯具能否正常点亮。

(2)检查疏散指示标志是否完好,能否正常点亮,有无松动、脱落现象。

(3)检查导向箱体能否够正常点亮,是否结构完好、开闭正常。

(4)按压测试按钮,检测疏散指示标示能够正常切换至应急状态。

3. 区间照明设备及配电箱检修内容及要求

(1)检查灯具及疏散指示是否正常工作、安装是否稳固。

(2)检查区间电缆、电线、管线有无松动。

(3)检查箱体是否安装稳固,是否存在裂痕。

(4)检查区间配电箱门状态是否锁闭。

(5)检查区间配电箱有无杂物、积尘。

(6)检查过轨线管是否牢固。

(7)检查箱体输入、输出电压是否正常。

(8)检查箱体及附件漆层是否完好。

考核与评价

一、通用能力考核(20%)

评价内容	评分				得分	总分
	非常好	较好	一般	较差		
工作态度	27~30	22~26	16~21	<16		
团队合作	27~30	22~26	16~21	<16		
沟通表达	18~20	14~17	10~13	<10		
服从指挥	18~20	14~17	10~13	<10		

二、过程性考核(80%)

序号	考核内容	考核要点	评分标准	配分(分)	扣分(分)	得分(分)
1	准备作业	(1)工具准备(5分);(2)办理作业票(5分);(3)设围挡,挂警示牌(5分)	(1)工具准备齐全得5分;(2)按规程办理作业得5分;(3)设置安全围挡,正确挂警示牌得5分	15		
2	照明配电箱检修	按照照明配电箱检修内容进行检修(30分)	按照照明配电箱检修内容及要求进行检修并做好记录,每少一项扣3分,扣完为止	20		
3	照明设备检修	按照照明设备检修内容进行检修(50分)	按照照明设备检修内容及要求进行检修并做好记录,每少一项扣3分,扣完为止	20		
4	区间照明设备及配电箱检修	按照区间照明设备及配电箱检修内容进行检修(40分)	按照区间照明设备及配电箱检修内容及要求进行检修并做好记录,每少一项扣3分,扣完为止	30		
5	检修完毕	(1)全面清理配电柜(5分);(2)拆除安全措施(5分);(3)送电(5分)	(1)全面清理检查每面配电柜,无工具、材料遗漏在设备上得5分;(2)拆除安全措施得5分;(3)根据作业票执行送电程序得5分	15		
		总分		100		

知识拓展　城市轨道交通电气火灾监控系统

一、电气火灾监控系统的重要性

城市轨道交通车站耗电量大,线路数量庞大,设计安装非常复杂,线路温度过高,剩余电流过大,这些因素均可能导致电气火灾事故。车站作为城市轨道交通的唯一对外通道,人流集中,一旦发生电气火灾事故,后果非常严重。因此,预防城市轨道交通电气火灾尤为重要。

城市轨道交通工程中用电设备主要有空调系统的冷却水泵、冷冻水泵和空调机组,给水、排水泵,消火栓泵和喷淋水泵,高压汽水雾,送排风系统的送风机和排风、排烟机组,照明系统,售票网络的终端计算机组,通信信号系统,电子监控系统的主机和探头、扶梯、电梯等,这些用电设备点多、分散,供电距离较长,供电线路极易发生漏电而引发电气火灾,并且车站的供电线路一般采用在吊顶层内沿电缆桥架集中无间隙布置,电缆的散热条件差,增加了供配电线路的火灾隐患。此外,降压变电所内低压柜出线回路很多,动力设备由低压配电柜采用放射式供电的回路占总量的80%以上,其回路均需要监测状态。

电气火灾监控系统在城市轨道交通领域的应用主要是对城市轨道交通线路的温度、电流、电压等参数进行实时监测。当电气火灾监控系统检测到城市轨道交通线路温度、电流、电压异常时,系统会迅速报警。接到故障报警后,相关工作人员能根据系统显示的故障原因和故障点,前往故障点排除故障,避免电气火灾事故的发生。

随着我国电气火灾监控系统和监控设备技术的成熟,电气火灾监控系统已经成为保证城市轨道交通安全运营的标准配置,它与消防设备电源监控系统等火灾报警系统相连,保障城市轨道交通消防安全。电气火灾监控系统以预防为主,以消除电气火灾隐患为实施准则。电气火灾监控系统作为国家认定的消防设备,经过在大型公共建筑上的实际应用,其对电气火灾的监控效果很明显,可有效预防电气火灾的发生。

二、电气火灾监控系统的构成

电气火灾监控系统由硬件系统和软件支持系统两部分构成,其中硬件系统主要包括电气火灾监控设备(主机)、剩余电流式电气火灾监控探测器、测温式电气火灾监控探测器。

剩余电流式电气火灾监控系统采用分层分布式结构,由现场设备层、网络通信层和管理测控层组成,其系统拓扑图如图4-10所示。各电气火灾监控探测器为屏蔽双绞线RS485接口,采用MODBUS通信协议总线型连接接入通信服务器,然后通过TCP/IP协议进入工业交换机,然后通过光缆到达监控主机。

(一)现场设备层

现场设备层主要是连接网络中用于电参量采集测量的各类型的仪表和保护装置等,也是构建该监控系统必要的基本组成要素。不仅要采集数据,还要执行后台控制命令。

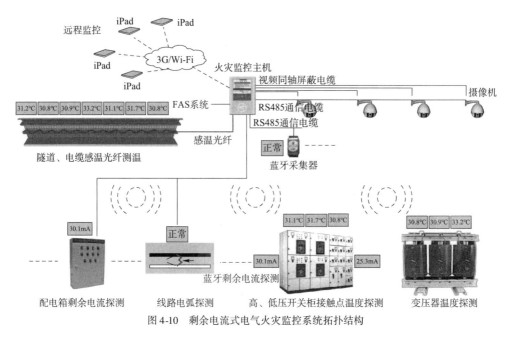

图 4-10 剩余电流式电气火灾监控系统拓扑结构

(二)网络通信层

网络通信层主要是由通信服务器、接口转换器件及总线网络等组成。该层是数据信息交换的桥梁,不同的接口转换器件提供了 RS232、RS422、RS485、SPABUS 等各种接口,组网方式灵活,支持点对点的通信、现场总线网络、以太网等类型的组态网络。通信服务器主要用于直接对现场仪器仪表传输上位机的各种控制命令,并负责对现场仪器仪表回送的数据信息进行采集、分类和存储等,如电压/电流等电参量、输入开关量状态、修改仪表内部参数或各种控制继电器断开/闭合的操作命令等。由于现场仪表或其他系列的装置与上位机的通信接口存在差异,需要通过接口转换器件进行转换方可进行数据交换。

(三)管理测控层

管理测控层是系统的最上层部分,主要针对监控网络的管理人员。该层直接面向用户。管理测控层主要由电气火灾监控系统软件和必要的硬件设备(如计算机、打印机、UPS 等)组成。其中,软件部分具有良好的人机交互界面,通过数据传输协议读取前置机采集的各类现场数据信息,经过自动计算处理,以图形、数显、声音等方式反映现场的运行状况,并可接受管理人员的操作命令,实时发送并检测操作的执行状况,以保证供用电单位的正常工作。

电气火灾监控系统的工作原理:当电气设备中的电流、温度等参数发生异常或突变时,终端探测头(如剩余电流互感器、温度传感器等)利用电磁场感应原理、温度效应的变化对该信息进行采集,并输送到监控探测器,经放大、A/D 转换、CPU 对变化的幅值进行分析判断,然后与报警设定值进行比较,一旦超出设定值则发出报警信号,同时输送到监控设备中,再经监控设备进一步识别、判定,当确认可能发生火灾时,监控主机发出火灾报警信号,点亮报警指示灯,发出报警音响,同时在液晶显示屏上显示火灾报警等信息。值班人员则根据以上显示信息,迅速到事故现场进行检查处理,并将报警信息发送到集中控制台。电气火灾监控系统能准确、全天候地监测线路中的漏电、电流、温度等变化。当线路发生异常时，可迅速发出报警信号并准确报出故障点，从而把电气火灾消灭在萌芽状态，为有效预防电气火灾提供了全面的解决方案。

职业准备

"十四五"节能减排综合工作方案

课后巩固

一、填空题

1. 常用的电光源按发光原理可分为_____、_____和_____等几类。
2. _____是指灯泡在工作时所发出的光通量，是光源的重要性能指标。通常以额定光通量来表明光源的发光能力。光源在额定电压、额定功率条件下工作时的光通量输出即_____。
3. 光源接通电源到光源的光通量输出达到额定值所需要的时间就是光源的_____，正常工作着的光源熄灭后再将其点燃所需要的时间就是光源的_____。
4. 用交流电点燃电光源时，在各半个周期内，光源的光通量随着电流的增减发生周期性的明暗变化的现象称为_____。在以一定频率变化的光线照射下，观察到的物体运动呈现静止或不同于实际运动状态的现象称为_____。
5. 车站照明系统分为三级控制，分别是_____、_____和_____。_____是指各设备及管理用房进门处设有就地开关箱或就地控制盒，可控制相应设备及管理用房的一般照明。
6. 照明供配电网络一般由_____、_____和_____组成。
7. 按照城市轨道交通车站用电负荷分类，地下区间照明属于_____负荷，附属房间照明属于_____负荷，广告照明属于_____负荷。
8. 根据馈电线、干线和分支线的连接情况，照明供配电网络的接线方式可分为_____、_____、_____和混合式4种。

二、简答题

1. 简述应急照明的配电方式。
2. 简述车站照明系统设计需遵循的基本原则。
3. 简述车站照明电气设计的主要任务。
4. 如何践行绿色照明？
5. 车站智能照明有哪些优点？
6. 车站照明节能措施有哪些？

参 考 文 献

[1] 乔新国. 电气安全技术[M]. 3版. 北京:中国电力出版社,2015.
[2] 刘运和. 电工电子工具与仪表速培教程[M]. 北京:机械工业出版社,2010.
[3] 赵慧峰,乔长君. 低压电气控制线路图册[M]. 北京:化学工业出版社,2013.
[4] 高晗. 地铁车站综合接地系统方案[J]. 环球市场信息导报,2017(18):143.
[5] 颜廷玉. 地铁车站综合接地设计方案的思考[J]. 科技创新导报,2018,15(16):28,30.
[6] 刘松涛. 地铁车站机电设备综合接地系统的分析及探讨[J]. 北方交通,2012(6):198-200.
[7] 黎玉刚,徐宏伟,周玉清,等. 屏蔽技术在电子设备电磁兼容设计中的应用[J]. 微波学报,2012,28(S3):263-265.
[8] 孙秀延. 电气控制技术[M]. 2版. 北京:机械工业出版社,2018.
[9] 蔡益州,龙玺,冯丽萍. 低压电器故障诊断与检测方法[J]. 电子技术,2022,51(1):130-131.
[10] 陈可夫. 低压电器故障诊断及检测方法[J]. 电工技术,2020(8):54-56.
[11] 贺磊,袁继安. 交流接触器常见故障排查与检修[J]. 中外企业家,2018(36):239.
[12] 李丹,刘向勇. 电机与变压器[M]. 北京:清华大学出版社,2017.
[13] 唐万菲. 变压器检修维护中常见故障分析及处理的研究[J]. 冶金管理,2021(21):62-63.
[14] 康杰. 变压器检修维护中常见故障分析及处理的分析[J]. 科技风,2019(24):186.
[15] 戴明,顾平. 电动机常见故障分析与维修[J]. 南方农机,2021,52(1):125-126.
[16] 苗素华. 三相异步电动机常见的电气故障分析与维修[J]. 电子测试,2017(15):79-80.
[17] 杨清林. 直流电动机的维护保养和常见故障处理[J]. 中国高新技术企业,2015(18):79-80.
[18] 林泽武,毛剑飞. 探讨PLC在地铁机电设备监控系统中的应用[J]. 建材与装饰,2016(48):210-211.
[19] 马思凯. 基于PLC技术的地铁环控系统自动化控制系统建构[J]. 技术与市场,2021,28(3):120,123.
[20] 蒋芳芳. 城市轨道交通车站机电设备检修工——低压供电设备检修[M]. 北京:中国铁道出版社,2016.
[21] 陈昌进. 城市轨道交通通风空调、给排水、低压配电检修工[M]. 北京:人民交通出版社股份有限公司,2016.
[22] 黄俊. 城市轨道交通中低压配电与照明系统设计概述[J]. 智能建筑与智慧城市,2020(2):67-69.
[23] 中华人民共和国住房和城乡建设部. 低压配电设计规范:GB 50054—2011[S]. 北京:中

国计划出版社,2012.

[24] 黄斌杰.EPS应急照明电源装置在地铁中的应用[J].设备管理与维修,2021(22):76-77.

[25] 刘伟鑫.关于应急照明在地铁车站中的应用[J].智能建筑电气技术,2020,14(3):52-54.

[26] 付强.应急电源装置EPS发展及在广州地铁的应用[J].机电工程技术,2006(8):145-146,166.

[27] 徐韬.探索城市轨道交通电力监控系统的技术发展趋势[J].低碳世界,2020,10(4):128-129.

[28] 史光国.半导体发光二极管及固体照明[M].北京:科学出版社,2007.

[29] 朱理.浅谈节能照明电光源的使用[J].技术与市场,2015,22(10):79.

[30] 张德孝.照明用电光源的选择与节能研究[J].辽宁师专学报(自然科学版),2009,11(3):21-23.

[31] 王志强.地铁车站智能照明控制系统方案设计[J].城市轨道交通研究,2013,16(6):124-127.

[32] 穆广友,李晓龙,尹力明,等.地铁车站照明系统能耗分析及节能对策[J].城市轨道交通研究,2010,13(8):35-39.

[33] 殷爽.城市轨道交通智能照明系统的设计及应用[J].地下工程与隧道,2015(3):41-43,52.

[34] 邓梦.城市轨道交通车站绿色照明系统分析[J].科协论坛(下半月),2010(3):103-104.

[35] 王龙,刘恒.城市轨道交通车站照明及控制优化设计[J].电气化铁道,2020,31(S1):236-238.

[36] 魏明.建筑供配电与照明[M].2版.重庆:重庆大学出版社,2010.

[37] 祁勇.电气火灾监控系统在轨道交通工程应用的研究[J].电子世界,2019(16):188-189.

[38] 郑晓庆.电气火灾监控在城市轨道交通配电系统中的应用[J].机电产品开发与创新,2017,30(2):92-93,96.